重大工程安全风险管理丛书　李启明　主编

城市地铁网络运行结构复杂性与脆弱性评估及应用

王志如　李启明　袁竞峰　著

东南大学出版社
SOUTHEAST UNIVERSITY PRESS
·南京·

内 容 提 要

本书结合城市地铁网络自身特点，应用复杂网络理论，构建了基于多智能体的动态地铁网络仿真系统，研究了 UMNS 结构复杂性和脆弱性，具体包括 6 个方面内容：UMNS 拓扑结构的演化特征研究，包括无标度特性和小世界特性。结合地铁网络规划原则，研究基于节点复制模型的线路择优机制和站点在指定方向上的随机游走的地铁网络演化模型。从拓扑结构角度出发，研究不同拓扑结构类型的地铁网络结构的拓扑结构脆弱机理，研究地铁网络拓扑结构异质程度对地铁网络结构连通脆弱性的影响。从乘客延误角度出发，基于乘客流量、乘客行为，从乘客到达率和延误程度角度评价不同拓扑结构类型的地铁网络的服务脆弱机理。以香港、南京、北京、上海地铁网络为例，对研究方法进行了实证分析。

图书在版编目(CIP)数据

城市地铁网络运行结构复杂性与脆弱性评估及应用/王志如，李启明，袁竞峰著.—南京：东南大学出版社，2021.4

（重大工程安全风险管理丛书/李启明主编）

ISBN 978-7-5641-9484-0

Ⅰ.①城… Ⅱ.①王… ②李… ③袁… Ⅲ.①地下铁道—铁路网—运行—研究 Ⅳ.①U231

中国版本图书馆 CIP 数据核字(2021)第 056013 号

城市地铁网络运行结构复杂性与脆弱性评估及应用
Chengshi Ditie Wangluo Yunxing Jiegou Fuzaxing Yu Cuiruoxing Pinggu Ji Yingyong

著　　者	王志如　李启明　袁竞峰
出版发行	东南大学出版社
社　　址	南京市四牌楼 2 号　邮编：210096
出 版 人	江建中
责任编辑	丁　丁
编辑邮箱	d.d.00@163.com
网　　址	http://www.seupress.com
电子邮箱	press@seupress.com
经　　销	全国各地新华书店
印　　刷	江苏凤凰数码印务有限公司
版　　次	2020 年 4 月第 1 版
印　　次	2020 年 4 月第 1 次印刷
开　　本	787 mm×1092 mm　1/16
印　　张	9.5
字　　数	231 千
书　　号	ISBN 978-7-5641-9484-0
定　　价	68.00 元

本社图书若有印装质量问题，请直接与营销部联系。电话(传真)：025-83791830

总 序

建筑业是我国国民经济的重要支柱产业和富民安民的基础产业。与其他安全风险较高的行业（例如航空业、石化工业、医疗行业等）相比，建筑工程事故的规模相对较小，但其发生频率相对较高，危险源类型具有多样性。工程安全一直是项目管理人员和相关研究人员关注的重点。虽然建筑工程事故率的不断下降表明工程安全管理水平正在逐步提升，然而频繁发生的工程伤亡事故还是说明工程安全问题尚未从根本上得到解决，与"零事故"(Zero Accident)或者"零伤害"(Zero Harm)的终极目标相去甚远。相关研究结果表明，建筑工程现场的工作人员受伤或者死亡的概率要远远大于其他行业。从事建筑工程的劳动力约占总数的7%，但是其伤亡事故却占了总数的30%~40%。高事故率是全球建筑工程面临的普遍问题，建筑工程人员工作的危险系数相对较高，其生存工作环境相对恶劣。研究发现，如今愿意从事建筑工程生产的年轻人越来越少，其重要原因可以归结为建筑行业糟糕的工作环境和相对较高的事故率，使得年轻人对此行业望而却步。目前，建筑行业的老龄化现象愈发严重，作为劳动密集型的建筑行业如果老龄化趋势继续延续，整个建筑产业的萎缩将是必然的。因此，为了能够使建筑业持续稳定发展，改善其工作环境，提高工程安全管理绩效显得十分重要，这样才能吸引年轻人返回这个传统行业，给建筑行业不断注入新的活力。

与传统建筑工程相比，重大工程(Megaproject)往往具有投资额度大、技术复杂度高、利益相关者多、全生命周期长等特征。随着重大工程的建设规模越来越大、建设内容越来越多，技术（前期策划、设计、施工、运行）难度越来越高、影响面也越来越广，既包括了质量、成本、进度、组织、安全、信息、环境、风险、沟通等内容，也涉及政治、经济、社会、历史、文化、军事等多个层面。近三十年，各种类型的重大工程如雨后春笋般在世界各地持续开展，例如中国的三峡大坝工程、日本的福岛核电站灾害处理项目、阿联酋的马斯达尔城项目、尼加拉瓜的大运河工程、美国的肯珀电站项目等。保守估计，目前全球重大工程市场的年均生产总值大约为6万亿~9万亿美元，约占全球GDP的8%。重大工程的持续发展，不断突破工程极限、技术极限和人类操控极限，增加了其安全管理与安全实施的难度，重大工程的安全问题显得尤为突出。1986年4月乌克兰切尔诺贝利核电厂第四号反应堆发生的大爆炸、2008年11月中国杭州地铁1号线土石方坍塌事故、2011年7月中国甬温线动车追尾事故等一系列重大安全事故，给国家、企业和人民造成了巨大损失，给重大工程发展抹上了无形的阴影。因此，研究如何保证重大工程安全，杜绝重大工程安全事故发生，具有非常重要的理论价值和现实意义。

与一般工程相比，重大工程对安全管理的理论与方法提出了新的挑战，原有的理论与方法已经难以满足环境和系统复杂性带来的新问题对重大工程安全管理新理论与新方法的渴求,对传统的工程安全管理理论和方法进行反思和创新势在必行。本丛书总结了东南大学研究团队多年的研究成果,基于重大工程全生命周期的维度,从计划、设计、施工、运营、维护等方面对重大工程安全管理进行全面的阐释。研究重点从传统的施工阶段拓展到包括设计、运营的全生命周期阶段的安全风险管理;从传统安全风险管理内容深化到安全风险的预测和预警;从一般风险事件聚焦到国际重大工程的政治风险、重大工程的社会风险、PPP项目残值风险等特定风险。本丛书作者来自东南大学、南京航空航天大学、中国矿业大学、河海大学、北京科技大学等单位。作者李启明教授、邓小鹏副教授、吴伟巍副教授、陆莹副教授、周志鹏博士、王志如博士、邓勇亮博士、万欣博士,以及季闯博士、贾若愚博士、宋亮亮博士等长期从事重大工程安全管理的研究工作。由于本丛书涉及重大工程安全管理的多个方面,限于作者们的水平和经验,书中不妥之处在所难免,欢迎读者批评指正。

李启明

2016 年 10 月 9 日

前　言

　　城市地铁网络凭借其高运量、高效率、高频率、安全舒适等优点,已成为国际上各大城市居民日常出行的主要交通工具,早晚高峰时段承载巨大的通勤客流。随着城市化进程的推进及城市的发展,城市地铁网络化运营是其发展的必然趋势。北京、上海及东京、纽约、伦敦等国际大都市,都已经实现大规模网络化运营。

　　城市地铁网络系统(UMNS)是一个高度智能化、信息化、快速化的复杂系统,由车辆、轨道、车站及乘客等众多子系统构成;同时也是一个相对封闭、人流非常密集的系统。在网络化运营的条件下,一旦某一个地铁车站或区间发生随机故障或蓄意攻击事件,不仅会引起该车站或区间的客流延误滞留,还将由于网络动力学传播特点,进一步引起其他车站产生客流延误,最终造成巨大的运输压力,甚至产生出行安全问题。因此,从整体、宏观的角度研究UMNS,更有利于理解UMNS的结构复杂性,揭示网络结构演化的内在机理,解释大规模客流延误滞留等级联失效问题。

　　近年来发展起来的复杂网络理论,为本书研究网络系统复杂性及其动力学过程提供了新视角、新方法。应用复杂网络理论分析UMNS结构复杂性及其时空演化机制,是进一步研究UMNS结构的连通脆弱性和从乘客延误角度出发的结构脆弱性的关键所在,从理论上揭示拓扑结构特征与结构脆弱性之间的耦合关系。

　　本书应用复杂网络理论,结合城市地铁网络自身特点,构建了基于多智能体的动态地铁网络仿真系统,研究了UMNS结构复杂性和脆弱性。具体来讲,研究内容主要包括以下方面:

　　(1) 深入研究具有运行线路属性的城市地铁网络拓扑结构复杂性。考虑地铁网络的运行线路属性,将节点经过的运行线路数目作为节点度评价标准,通过对52个城市地铁网络的实证分析,发现地铁网络的线路度分布服从漂移幂律分布,是一种介于随机和幂律分布之间的分布形式,说明地铁网络的演化既具有偏好选择特点,又具有随机游走特点;从网络平均最小换乘次数和信息传递效率角度,提出了适用于地铁网络的小世界特性评价方法,通过对52个城市地铁网络的实证分析,其结论表明地铁网络具有小世界特性。

　　(2) 构建了地铁网络时空演化模型。在第3章对地铁网络结构复杂性实证分析的基础上,结合地铁网络规划原则,建立了基于节点复制模型的线路择优机制和站点在指定方向上的随机游走的地铁网络演化模型。应用该演化模型,对四个典型拓扑结构类型的地铁网络进行演化模拟。通过模拟得到的网络拓扑结构特征值与真实网络接近,表明本书提出的择优和游走机制包含了地铁网络演化的关键要素,该演化模型能够用来构建地铁网络。

　　(3) 研究了不同拓扑结构类型的六种典型地铁网络结构的连通脆弱性。构建相同规模的六种典型拓扑结构类型的地铁网络,通过对其车站和区间进行随机和蓄意攻击,从拓扑结构连通性角度评价不同拓扑结构类型的地铁网络的脆弱性表现。研究发现,在节点蓄意攻击的情况下,对于相同数量的扰动,"环型＋网格地铁网络"的故障规模最小,表明其脆弱性程度最低;"星型地铁网络"的故障规模最大,表明其在六种拓扑结构类型中最脆弱;此外,在相同的线路游走方式下,不含有环线的拓扑结构类型要比含有环线的拓扑结构类型更加脆弱。在针对边的随机故障情况下,对于相同数量的扰动,"星型地铁网络"的故障规模最小,说明"星型地铁网络"对边的随机故障的脆弱性最小。对于相同结构、相同规模的网络结构,网络的非均匀性越高,对节点蓄意攻击的脆弱性越低,对随机攻击的脆弱性越高。

(4) 研究了从乘客延误角度出发的不同拓扑结构类型的六种典型地铁网络结构脆弱性。建立基于车厢拥挤惩罚、站台延误惩罚、换乘惩罚的地铁网络出行路径费用模型;按照地铁网络的乘客对多路径会采用不同的效用准则,构建多用户多准则的动态 Logit 配流模型;构建相同规模六种典型拓扑结构的地铁网络,通过对其节点进行随机和蓄意攻击,从乘客到达率和延误程度角度评价不同拓扑结构类型的地铁网络的脆弱性表现。仿真结果显示,"星型结构"的地铁网络在 3 类地铁网络中的到达率最低,平均乘客延误程度最高,网络的脆弱性最高;"网格型地铁网络"的到达率最高,平均乘客延误程度最低,网络的脆弱性最低;"放射型地铁网络"处于二者之间。除此之外,含有环线的地铁网络的脆弱性程度低于不含有环线的同类拓扑结构类型的地铁网络。网络非均匀性越高,蓄意攻击造成乘客延误率相对随机攻击较低,网络的脆弱性相对较低。

目 录

1 绪论 ··· 1
  1.1 研究背景和意义 ··· 1
  1.2 国内外研究现状 ··· 3
    1.2.1 交通网络拓扑结构复杂性研究 ··· 3
    1.2.2 公共交通网络演化模型研究 ··· 4
    1.2.3 交通网络脆弱性的相关研究 ··· 6
    1.2.4 研究存在的不足 ·· 12
  1.3 研究目标和内容 ·· 12
    1.3.1 研究目标 ·· 12
    1.3.2 主要研究内容 ·· 13
    1.3.3 研究内容框架结构 ··· 13
  1.4 本章小结 ·· 15

2 本书研究的理论基础及相关概念解析 ·· 16
  2.1 城市地铁网络系统结构脆弱性及相关概念界定 ······································· 16
    2.1.1 城市地铁网络系统结构范围界定 ··· 16
    2.1.2 城市地铁网络系统结构分类 ··· 16
    2.1.3 城市地铁网络结构脆弱性定义及相关词语辨析 ····························· 20
    2.1.4 城市地铁网络结构脆弱性内涵 ·· 23
  2.2 复杂网络理论 ·· 24
    2.2.1 复杂网络的定义及分类 ·· 24
    2.2.2 复杂网络理论常用的拓扑特征量 ··· 25
    2.2.3 复杂网络的抗攻击性和抗毁性 ·· 27
  2.3 网络演化理论 ·· 28
    2.3.1 BA 模型 ·· 28
    2.3.2 适应度模型 ·· 28
    2.3.3 节点复制模型 ··· 29
  2.4 动态随机非平衡配流理论 ··· 29
    2.4.1 Logit 模型 ·· 30

        2.4.2 模拟随机分配法 ··· 31
    2.5 本章小结 ·· 31

3 城市地铁网络结构复杂性分析 ·· 32
    3.1 地铁网络结构无标度特性分析 ·· 32
        3.1.1 已有研究回顾 ··· 32
        3.1.2 地铁网络标度特性评价方法 ··· 33
        3.1.3 实证统计分析及讨论 ··· 34
        3.1.4 本节小结 ··· 45
    3.2 地铁网络结构小世界特性评价 ·· 45
        3.2.1 已有文献回顾 ··· 45
        3.2.2 基于信息传递效率的聚类系数新算法 ·································· 48
        3.2.3 地铁网络小世界网络特性评价方法 ····································· 49
        3.2.4 实证分析 ··· 50
        3.2.5 本节小结 ··· 51
    3.3 本章小结 ·· 51

4 基于节点复制模型择优和站点随机游走的地铁网络结构演化模型 ············· 52
    4.1 公共交通网络演化机制回顾 ··· 52
        4.1.1 地铁网络演化机制 ·· 53
        4.1.2 公交网络演化机制 ·· 54
        4.1.3 三种演化模型的局限性 ··· 56
    4.2 基于节点复制模型的线路择优机制和站点随机游走的地铁网络演化模型 ··· 58
        4.2.1 基于节点复制模型线路择优机制 ·· 58
        4.2.2 指定方向上的站点随机游走 ·· 58
    4.3 地铁网络结构仿真分析及讨论 ·· 61
        4.3.1 三种择优机制新增线路接入点比较 ····································· 61
        4.3.2 四个典型拓扑结构地铁网络仿真 ·· 61
    4.4 本章小结 ·· 66

5 城市地铁网络结构连通脆弱性评价 ··· 67
    5.1 城市地铁网络结构脆弱性研究回顾 ·· 67
        5.1.1 地铁网络结构连通脆弱性评价指标 ····································· 67

5.1.2 拓扑结构类型与脆弱性的关系 ·· 68
　　5.1.3 研究存在的不足 ·· 68
5.2 城市地铁网络结构连通脆弱性评价理论 ··· 69
　　5.2.1 基于复杂网络理论的节点、连接重要程度指标 ····························· 69
　　5.2.2 组合攻击策略 ··· 70
　　5.2.3 地铁网络结构连通脆弱性评价指标 ·· 70
5.3 城市地铁网络结构连通脆弱性仿真结果分析 ······································· 71
　　5.3.1 关键节点、边识别 ··· 71
　　5.3.2 不同拓扑结构 UMNS 结构脆弱性评价 ······································ 74
　　5.3.3 网络非均匀性的影响 ··· 80
5.4 本章小结 ·· 85

6 基于动态随机非平衡配流的地铁网络结构脆弱性评价 ···························· 86
6.1 从乘客延误角度出发的地铁网络脆弱性研究评述 ································ 86
6.2 基于拥挤、发车频率和容量限制的出行费用模型 ································ 87
　　6.2.1 已有文献回顾 ··· 87
　　6.2.2 基于拥挤、发车频率和容量限制的地铁网络出行费用模型 ············ 88
6.3 动态 Logit 配流模型 ·· 90
　　6.3.1 城市地铁网络配流模型评述 ·· 90
　　6.3.2 基于 Logit 模型的动态配流模型 ·· 91
6.4 地铁网络流量时空分布设计 ··· 91
　　6.4.1 流量在时间上的分布 ··· 92
　　6.4.2 流量在空间上的分布设计 ··· 93
6.5 从乘客延误角度出发的脆弱性评价指标 ··· 93
　　6.5.1 基于乘客到达率的脆弱性评价指标 ·· 93
　　6.5.2 基于 OD 平均乘客延误程度的脆弱性评价指标 ··························· 94
6.6 基于乘客延误的地铁网络脆弱性仿真结果及分析 ································ 94
　　6.6.1 仿真参数设置 ··· 94
　　6.6.2 随机故障和蓄意攻击下网络的脆弱性表现 ·································· 95
　　6.6.3 不同拓扑结构类型的 UMNS 脆弱性评价 ·································· 95
　　6.6.4 网络非均匀性对乘客延误程度的影响 ··· 96
6.7 本章小结 ·· 97

7 城市地铁网络拓扑特征及脆弱性实证研究 ········· 98
7.1 上海地铁网络拓扑结构特征及其脆弱性 ········· 98
7.1.1 基于拓扑线路的上海地铁网络无标度特性评价 ········· 98
7.1.2 基于信息传递效率的上海地铁网络小世界特性评价 ········· 101
7.1.3 上海地铁网络结构脆弱性评价 ········· 102
7.2 北京地铁网络拓扑特征及其脆弱性 ········· 105
7.2.1 基于拓扑线路的北京地铁网络无标度特性评价 ········· 105
7.2.2 基于信息传递效率的北京地铁网络小世界特性评价 ········· 106
7.2.3 北京地铁网络结构脆弱性评价 ········· 107
7.3 南京地铁网络结构拓扑特征及其脆弱性 ········· 110
7.3.1 基于拓扑线路的南京地铁网络无标度特性评价 ········· 110
7.3.2 基于信息传递效率的南京地铁网络小世界特性评价 ········· 111
7.3.3 南京地铁网络结构脆弱性评价 ········· 112
7.4 香港地铁网络结构的拓扑特征及其脆弱性 ········· 115
7.4.1 基于拓扑线路的香港地铁网络无标度特性评价 ········· 115
7.4.2 基于信息传递效率的香港地铁网络小世界特性评价 ········· 116
7.4.3 香港地铁网络结构脆弱性评价 ········· 117
7.5 四个典型城市地铁网络拓扑结构特征及脆弱性比较 ········· 119
7.5.1 四个城市地铁网络拓扑结构特征比较 ········· 119
7.5.2 四个城市地铁网络在节点随机和蓄意攻击策略下的脆弱性表现 ········· 120
7.5.3 四个城市地铁网络在边随机和蓄意攻击策略下的脆弱性表现 ········· 120
7.6 本章小结 ········· 125

8 结论与展望 ········· 126
8.1 本书研究成果 ········· 126
8.2 创新点 ········· 127
8.3 研究不足与展望 ········· 128

参考文献 ········· 129

1 绪 论

1.1 研究背景和意义

交通运输系统是社会经济发展的基础,对保障国民经济持续快速健康发展、改善人民生活质量、促进国土开发和国防现代化建设,具有十分重要的意义。我国《交通运输"十二五"发展规划》中提出加快建设绿色交通运输体系,强化交通运输安全的管理,以解决城市日益增长的交通出行需求及由此带来的交通拥堵问题,适应全球低碳经济发展的新要求。由于城市地铁网络系统(Urban Metro Network System,以下简称 UMNS)具有运量大、快捷、安全舒适、便捷及绿色环保等优点[1],成为我国及国际各大城市的重要交通工具。地铁网络化运营将在全国范围内形成,其中,北京、上海、广州地铁已实现网络化运营。UMNS 已成为现代化城市最重要的生命线工程。

然而,地铁系统网络化运营将使线路之间的关联度和复杂性加剧,局部网络上一个小的干扰,都会增加网络其他部分的负担,特别是有多条线路经过的换乘车站及负荷高的车站,这些车站一旦发生故障便会导致其他区间或者车站发生乘客延误和滞留等相继故障,一连串的故障就有可能使得整个 UMNS 陷于瘫痪。例如 2010 年 10 月 21 日发生在香港油麻地站的电力故障事故,导致观塘线中断服务 3 个小时,荃湾线发车频率由 2 分钟一班降为 4～6 分钟一班,将近 10 万名乘客受到影响。UMNS 安全可靠运行不仅仅关系到市民的日常生活,同时也关系着城市社会经济和谐稳定的发展。由于 UMNS 公开、可达的天然属性,使得其成为恐怖分子的主要袭击目标,从 1920 年到 2000 年,发生在地面交通的 900 起恐怖袭击事件中,38% 发生在 UMNS 及铁道系统[2],例如发生在东京地铁、马德里地铁、伦敦地铁的恐怖袭击事件,以及发生于 2010 年 3 月 29 日的莫斯科卢比扬卡地铁站连环自杀性爆炸事件,恐怖分子先后袭击莫斯科地铁网络的两个换乘车站,导致 39 人死亡,100 余人受伤。因此,在随机故障和蓄意攻击情况下,UMNS 是否能够安全可靠地运行,需要从理论研究和工程实践角度给予高度关注。

UMNS 能否正常有效运行,不仅受到相关基础设施系统、自然环境、社会环境的影响,还取决于系统自身结构。要解决网络上的故障传播问题,需要从整体、宏观的角度,结合 UMNS 的拓扑网络结构复杂性特征,从本质上解释乘客延误和滞留传播的形成机理,识别网络中的关键车站和线路,只有这样,才能为提高 UMNS 安全可靠性提供理论基础和科学依据。

1998 年发展起来的复杂网络理论,为网络复杂性研究提供了一个新视角、新方法。一方面,系统及其构成元素之间的相互作用可以用网络来描述,如社会关系网络、交通网络、通信网络、能源输送网络等;另一方面,数学上的网络不仅可以用来描述网络的实体结构,而且可以反映各要素之间的相互关系。美国 Cornell University 的博士生 Watts 和其导师——非线性动力学专家 Strogatz 教授在 Nature 上发表的"Collective Dynamics of 'small world' networks",以及美国 Notre Dame University 的 Barabasi 教授和其博士生 Albert 2002 年在 Science 上发表的"Emergence of scaling in random networks",掀起了对复杂网络结构及其动力学行为的研究热潮。

国内外学者应用复杂网络理论对交通网络的各个领域,如航空网络、城市街道网络、铁路网络、城市公交网络、UMNS 开展实证研究,分析其拓扑结构的复杂性(具体内容见本书 1.2.1 节)和脆弱性。部分实证分析表明 UMNS 具有无标度[1, 5-9]或小世界特性[5-6, 10-15]。对交通网络无标度和小世界特性的实证研究不仅是对网络拓扑结构复杂性的研究,还是通过现实网络结构复杂性特征的统计规律,来反推一般意义上 UMNS 的理论演化模型,从而揭示实际网络的时空演化规律,其最终目的是建立理论的演化模型,研究建立在理论模型上的动力学问题,揭示拓扑结构与拥堵传播等动力学问题的耦合关系。

目前,学术界对能否用复杂网络理论研究 UMNS 存在不同观点。部分学者认为,UMNS 与社会合作网络、全球航空网络相比,线网规模较小,难以得到统计上的规律。本书认为,首先,发达城市的 UMNS,如纽约地铁网络、东京地铁网络、伦敦地铁网络、上海地铁网络等等,由于其线网结构的复杂性,使得某些网络特性,如节点度分布、平均最短路径难以直观地获得,需要借助网络分析工具才能够获得;其次,针对个别真实地铁网络进行研究所得到的结论不具有一般性,必须建立理论的地铁网络模型,在此基础上进行网络上动力学问题研究(如延误传播问题)得到的结论才具有一般性,而网络演化问题是复杂网络理论研究的一个重要方面;最后,早高峰、晚高峰、非正常运行状态下的乘客延误传播,具有明显的复杂特性,在看似简单的网络上发生流量产生、乘客路径选择行为、流量分配,传统的局部分析难以解决网络上的延误传播问题。因此,本书认为复杂网络理论是研究 UMNS 结构复杂性与脆弱性不可或缺的理论工具之一。

拓扑结构复杂性和基于运输功能的网络动力学传播是复杂网络研究的两个核心问题[4],结构和功能并非相互独立,而是存在本质的相互联系。复杂网络的拓扑结构决定其功能。网络的结构特性通常可以用统计特性来刻画,运输功能通过网络上的乘客流量、延误传播等动力学问题来反映。对网络的拓扑结构特性进行研究固然重要,但其最终目的是了解和解释基于这些拓扑结构上的动力学行为,进而通过控制网络结构来控制网络系统的表现。本书的研究基于三个基本思想:一是通过一般的 UMNS 演化机制生成一个底层拓扑结构;二是在这样的拓扑结构上进行各种动力学演化;三是网络上的动力学行为反过来影响网络拓扑结构演化。与生物网络、能源输送网络、万维网显著不同的是,UMNS 的一个重要特点是乘客作为决策个体,具有智能要素和对环境反映的特点,乘客根据其出行时间和阻塞程度来选择出行路径。

UMNS 作为与城市功能和社会经济环境相联系的复杂大系统,它具有与其他复杂网络相似的一些拓扑特性,但又有不同于其他复杂网络的显著特点,例如以线路为单位的演化方式、网络封闭性、乘客的智能体特性等。通过融合 UMNS 的特有属性,深入分析结构类型与 UMNS 连通脆弱性、乘客到达率、乘客延误程度的关系,是 UMNS 拓扑结构复杂性和脆弱性研究的重要方面。从整体的角度出发,以线路和网络为对象进行全面分析,才能理解网络上延误传播问题的根源,为解决 UMNS 早高峰、晚高峰、非正常运营状态下的大规模乘客延误滞留问题提供科学的解决方法,提高网络承载能力,减少规划的盲目性,科学制定UMNS发展规划,为发展先进的UMNS管理与控制技术打下坚实的理论基础[3]。因此,UMNS的复杂性和脆弱性研究具有重要的现实意义和应用价值。

1.2 国内外研究现状

1.2.1 交通网络拓扑结构复杂性研究

与复杂网络理论研究的其他领域相同,对交通网络拓扑结构复杂性的研究始于对真实交通网络的拓扑结构特征的实证分析。网络的演化机制及动力学行为如脆弱性的研究还处于起步阶段,没有形成完善的理论体系和统一的研究框架。由于交通网络含有少量节点和边、时空演化受到城市地理环境和社会因素的限制等因素,使得复杂网络理论在交通领域的应用在近几年开始迅速发展。国内外对交通网络拓扑结构复杂性的研究主要集中在国家铁路网络、世界或国家航空网络、城市公交网络(Bus Network)、城市道路网络方面,而对UMNS拓扑结构复杂性的研究较少。

航空网络的实证研究包括全球航空网络[16]、美国航空网络[17]、中国航空网络[18-20]、意大利航空网络[21]、印度航空网络[22]等。由于航空网络是所有交通网络中发展早而成熟、行业数据相对完备,因此得到大量的研究。通常将机场看作节点,将连接机场的航线看作边,将机场的吞吐量看作节点权重,将航线上的运量看作边的权重。基于复杂网络理论的航空网络实证研究集中于对机场网络的静态复杂网络特性统计量及各统计量与节点度之间的函数关系分析,得到的结论有:机场网络具有小世界特性和度分布服从幂律分布[16-19, 22-27]。

在城市道路网络方面,Montis等构建了意大利的城市交通网络结构,分析网络的基本特征,并研究了网络上交通量与拓扑结构之间的相关性[28]。Porta等对具有不同形态和历史背景的6个城市的道路交通网络的拓扑结构特征分析,发现均为无标度网络,并且表现出了小世界特性[29]。Lämmer等对德国的20多个大城市道路网络拓扑结构特征进行了统计分析,发现车流分布具有幂律特性,进而说明了道路分级的特性[30]。Crucitti等将所研究的城市分为自组织和规划型城市,然后采用4个中心性指标对其道路交通网络进行分析,发现自组织路网展现了几乎和规划型路网一致的无标度特性[31-32]。国内学者对无锡[33]、合肥[27]、杭州[19]、苏州[19]、嘉兴[19]城市道路网络进行了小世界特性分析。Fu等研究了高速公路客运网络的无标度特性和小世界效应[34]。

城市公交网络方面,Lu等对复杂网络和城市公交网络进行了综述性分析和研究,构建了应用复杂网络研究城市公交网络的整体框架[35]。Li等对中国十大城市的公交网络拓扑特性进行了实证分析[36]。Chen等对中国的4个城市的公共汽车网络进行分析,其结果显示公共汽车网络的度分布表现为指数分布[37]。李英等对上海公交网络的基本结构特征进行了研究[38]。Wu等对城市公交网络的拓扑结构特性进行了探讨,发现公交网络具有典型的复杂网络特性,并进一步分析了北京公交网络的有效性和抗攻击性[39]。国内学者汪涛、惠伟和王红、顾前等对北京、上海、杭州、南京、厦门等公交网络[40-42]的度分布和小世界特性进行了实证研究。而在混合公共交通网络方面,Sienkiewicz等分析了波兰21个城市的公共交通运输网络的拓扑结构特性,发现它们的度分布服从幂律分布或者指数分布[43-44]。

城市地铁网络方面,Latora 和 Marchiori 对波士顿地铁网络的小世界特性进行了初步研究[45-46];Seaton 等详细计算了波士顿和维也纳两个城市轨道交通网络的集聚系数、平均最短路径长度和平均度,将它们与随机网络比较,发现两个网络均具有小世界效应[12]。Derrible 和 Kennedy 从统计的角度研究了 33 个城市地铁网络的无标度特性[1, 7-8]。Angeloudis 和 Fisk 基于推理归纳的方法研究了地铁网络度分布[47]服从指数分布,也有学者分析得到地铁网络度分布服从泊松分布[11-12, 48-49]。国内学者对地铁网络的度分布实证研究也得到了不同的结论,如地铁网络度分布服从幂律分布[5-6]、地铁网络度分布服从指数分布[14-15, 50]、地铁网络度分布服从泊松分布[11]。以上学者也对地铁网络的小世界特性进行了实证分析。

1.2.2 公共交通网络演化模型研究

通过统计真实网络的拓扑结构复杂性特征,来揭示真实网络的时空演化规律。基于此,建立能够反映真实网络演化规律的连接和增长的演化机制,从而生成理论模型,为建立在其上的动力学行为研究提供基础。

(1) BBV 模型

赋权网络演化模型[26, 51]最早由巴黎特(Barrat)、巴斯莱米(Barthélemy)与维斯匹纳尼(Vespignani)建立,因此将该模型以三位学者名字的首字母命名为 BBV 模型。BBV 模型基于权重驱动动力学假设,生成与真实加权网络极为相似的统计性质。模型可以简述如下:从初始的 N_0 个相互连接的种子节点开始网络生长,此时每条边的权重为 w_0,然后每步增加一个节点直到节点数为 N。每步增加的节点发出 m 条边,按照点强度概率(加权网络的节点度)优选连接到已有节点 i:

$$\prod n \to i = \frac{s_i}{\sum_j s_j} \tag{1-1}$$

其中,s_i 表示节点 i 的权重,$s_i = \sum_{j=1}^{n} w_{ij}$,BBV 模型放弃了通常的节点度优先连接,而改用节点强度优先连接。模型定义每条新边的权重为 w_0,并且新边 (n, i) 的存在会引起节点权重的变化(如图 1.1 所示),节点 i 的权重由 s_i 增加为 $s_i + w_0$。

(2) BA 模型

由巴拉巴斯(Barábasi)和阿尔波特(Albert)提出的无标度网络演化模型,以两位学者命名的演化模型简称 BA 模型,包括两个要素:增长和优选[52]。前者强调复杂网络是一个开放系统,新的基本单元不断加入,节点总数在不断增加,后者强调节点连接新边的概率应该单调依赖于它已有的度。在此基础上提出的模型表述为:

① $t=0$ 时,具有较少的 m_0 个节点,以后每个时间步增加一个新节点,连接到 $m(m \leqslant m_0)$ 个旧节点上。

② 新节点连接到旧节点 i 的概率正比于它的度,即连

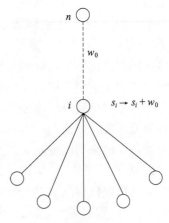

图 1.1 BBV 模型:新增节点引起权重的重新分配示意图

接概率为:

$$\prod(k_i) = \frac{k_i}{\sum_{j=1}^{N-1} k_j} \tag{1-2}$$

其中,k_i 表示节点 i 的度,N 表示网络节点数。

(3) 自回避游走模型

Chen 等提出了自回避游走模型,模型的构造算法如下:①首先生成含有 r_0 条线路,m_0 个站点的初始网络,且所有线路相交于同一个站点;②每步加入一条新线路到网络中,该新线路包含 $m(m>0)$ 个新站点和 $n(n>0)$ 个旧站点;线路随机取一个旧站点,然后对下一站点以一定概率选择一步近邻到四步近邻中的一个站点,如果站点已经包含在该线路中,则回避选择(如图 1.2 所示)。图 1.2 中,X 表示二维平面网格坐标的横轴,Y 表示二维平面网格坐标的纵轴。

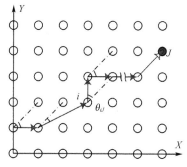

图 1.2 自回避游走模型中的线路站点游走[53]

利用自回避游走模型,Chen 等[53]对南京公交网络进行了数值仿真,自回避随机行走模型得到的南京市公交网络的线路度分布与实际结果很相似,说明模型较好地反映了城市公交网络的演化生成过程。

(4) 基于线路择优连接和站点随机游走的公交网络演化模型

汪涛提出了基于线路择优连接和站点随机游走的公交网络演化模型,构造算法过程如下:

① 生成初始网络。在 $X \times Y(X, Y \to \infty)$ 的二维规则网格中生成初始网络,假定该网络中有 l_0 条线路,各条线路均拥有 m_0 个站点(每个站点占据一个网格),并全部相交于同一个站点,呈"星型网络"形态。

② 线路择优连接。每次引入一条新的包含 m 个站点的线路,站点数 m 服从正态分布,即:$m \sim N(\mu, \sigma^2)$;新增线路选择网络中某一站点作为接入点,选择站点 i 的概率 π_i 与站点 i 的度 k_i、其他站点 j 的度 k_j 有如下关系:

$$\pi_i = \frac{k_i}{\sum_j k_j} \tag{1-3}$$

③ 站点随机游走。从站点 i 开始,以一定概率选择一步连接到三步近邻中的一个网格,若该网格有站点占据,则连接该站点,否则生成新的站点。重复站点随机游走过程,直至该线路上站点数为 m 时止(参见图 1.3,X 表示二维平面网格坐标的横轴,Y 表示二维平面网格坐标的纵轴。以第一象限为例,择优选取的站点 i 在 i_1 处设定有 5 个可供连接的网格,网格 1~5 被连接的概率分别为 $P_1 \sim P_5$)。

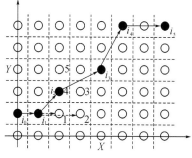

图 1.3 站点随机游走过程示意图

④ 重复步骤 2 和 3,直到生成所有线路。

1.2.3 交通网络脆弱性的相关研究

1.2.3.1 非交通系统的脆弱性研究简述

(1) 自然系统脆弱性

1905 年 Elements 将 Ecotone 引入生态学研究[54]。Ecotone 被生态学专家用来专指不同群落间的交错带,是两个相对均匀的相邻群落相互过渡的突发转换区域。在 20 世纪 80 年代,Ecotone 又得到了新的关注,我国地学、环境等领域学者引入 Ecotone 中过渡带的思想,形成生态环境脆弱性。当生态环境退化超过了在现有社会经济和技术水平下能长期维持目前人类利用和发展的水平时,称为脆弱生态环境,该观点得到了广泛认同。

姚建认为形成生态脆弱性的因素有地质因子、地貌因子、生物群体结构、气候与气象因子、土壤及地表构成物质、水文因子、人为因子[55]。吕昌河等根据农业生产的特点和主要的影响因素,选择人均粮食占有量、平均粮食单产、粮食单产的稳定程度和农业综合指数 4 个指标作为脆弱生态环境评价指标。

(2) 区域发展脆弱性

区域发展脆弱性是系统的内部特性,在区域系统发展的前提下,对区域系统的稳态机制的不断破坏,是系统在发展中负作用的量变,由于内外部因素的影响,累积到质变时可以使区域系统彻底崩溃[56]。张炜熙针对区域发展的特点,运用模糊聚类法对区域进行区分,选择出发展脆弱带,在分区的基础上,寻找冲击敏感性因素,将区域系统的损失度作为区域发展冲击式脆弱度。

综上所述,自然系统和人文系统脆弱性都是研究外界或内部环境影响因素的变化对系统的负影响,与敏感性分析的差别在于,脆弱性研究有一个阈值,一旦影响超过该脆弱阈,必然会在某些方面表现出非线性的、不可逆转的损伤,甚至导致系统崩溃。其他人文系统脆弱性与以上两个领域的脆弱性研究类似,不做详述。

(3) Internet 领域

通信传输是 Internet 网络最本质的功能属性之一,为了反映 Internet 网络组件在整体网络传播中的重要性,介数的概念被提出和使用;度及其分布只在一个局部领域内反映结点的脆弱性(重要性),这两个考量指标在多数文献中被用到。郭迟[57]定义了基于节点介数的静态脆弱性评价指标,用来反映该节点在网络中被选择为危害传播最优路径的大小,有:

$$V_i = \sum_{s,d \in N} \frac{T_i^{(s,d)}}{T^{(s,d)} \times n_{(s,d)}} \tag{1-4}$$

其中,N 表示网络中的节点集合;$T_i^{(s,d)}$ 表示以 s 为起点,d 为终点,途经节点 i 的危害传播最优路径的条数。$T^{(s,d)}$ 表示以 s 为起点,d 为终点的危害传播最优路径的条数。$n_{(s,d)}$ 表示该路径经过的节点个数(不包括 s 和 d)。实质上,$\sum_{s,d \in N} T_i^{(s,d)}$ 是通常意义下节点 i 的介数。因此,该节点的静态脆弱性可以理解为一个考虑了重要性均衡的节点介数。这种重要性均衡既包括多条最优路径之间的平衡,也包括同一条路径上多个传输节点之间的平衡。

(4) 电力网络

国内外学者在电网脆弱性方面做了大量研究工作,提出了多种连锁故障模型,如高阶概率模型、复杂网络模型、稳态模型,以及基于暂态能力函数提出脆弱性评估方法,利用系统的安全指标(能量域度 ΔV)和系统状态的变化趋势 $\partial V/\partial P$(灵敏度)作为脆弱性指标进行电力系统的脆弱性评估。对 ΔV 和 $\partial V/\partial P$ 设定一个可被接受的基准值,即系统是否脆弱取决于安全性水平是否高于或低于这个基准值。$\partial V/\partial P$ 可以判断对安全性有重要影响的参数 P。

符国晖等[58]从暂态能量角度定义电网脆弱性,即当系统某处发生故障时,系统被注入大量的暂态能量,在系统某割集上的输电元件将分担过多的暂态势能,当超过该割集上输电元件的承受能力时,系统将在该割集上撕裂,该割集就是网络在指定扰动下最脆弱的输电环节。网络中的某一个脆弱点发生故障时,这一节点的故障所引起的暂态变化将立即影响到与其相连的其他节点,使得故障影响在一定范围内传播和扩大,形成级联崩溃,最终导致大面积的系统灾变[59]。王安斯基于节点介数提出电网脆弱性评估函数[60],认为电网脆弱性由输电环节在事故链中的出现频率及其重要度决定。Albert 等根据移除节点前后电网传输效率的变化评价北美电网结构脆弱性,研究发现蓄意移除节点度和负荷较大的节点会导致网络的整体效率急剧下降,而随机移除节点对电网传输效率的影响不大[61]。也有研究从电网拓扑结构出发,采取带权重系数的介数指标来评估线路的脆弱性,并通过时域仿真法验证评估得到的线路是否具有脆弱性[62-63]。

因此说,"网络"脆弱性问题从 20 世纪 90 年代末便受到了极大关注[64]。普遍的方法是通过"减少"网络的关键部件以观察网络性能的变化。系统脆弱性问题在自然生态系统、人文及部分技术网络(如电网和 Internet)等领域的研究已较为成熟。

1.2.3.2 交通网络脆弱性研究状况

(1) 交通网络脆弱性研究的整体趋势

UMNS 结构脆弱性是本书的主要研究对象,因此作者对交通网络脆弱性做了系统周密的文献检索及综述。通过两大国际搜索引擎 Scopus 和 Web of Science,对 2000—2013 年的研究进展进行系统分析。

对关键词、摘要、题目进行检索,检索词如下:

TITLE-ABS-KEY(vulnerability OR vulnerable OR critical OR criticality OR weak OR weakness OR vital OR important OR importance OR disrupt OR disrupted OR degrade OR degraded OR survivability) AND TITLE-ABS-KEY(transportation OR infrastructure OR road OR subway OR highway OR rail OR airline OR bus OR waterway) AND TITLE-ABS-KEY(network) AND TITLE-ABS-KEY(component OR link OR node OR station OR track OR location)) AND PUBYEAR > 2000 AND (LIMIT-TO(DOCTYPE, "ar") OR LIMIT-TO(DOCTYPE, "re") OR LIMIT-TO(DOCTYPE, "ip") AND (LIMIT-TO(LANGUAGE, "English")) AND (LIMIT-TO(SRCTYPE, "j") OR LIMIT-TO(SRCTYPE, "k") OR LIMIT-TO(SRCTYPE, "b"))

基于以上检索结果,通过人工识别的方法剔除与本书不相关的文献,最终对 101 篇文献进行分析,发现 2001—2013 年间有关交通网络脆弱性的研究呈增长趋势(如图 1.4 所示)。

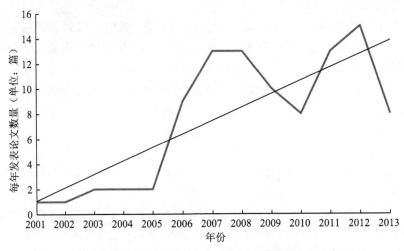

图 1.4 2001—2013 年间发表的交通网络脆弱性相关文章的数量

Wang 等指出交通网络在战争中的脆弱性,随后,脆弱性多被用于能源输送供给网络的安全(Security)方面[65]。从 20 世纪 90 年代,学者开始关注危险物质运输的脆弱性[66]。交通网络面对地震、洪水等自然灾害及地质地貌变化的脆弱性也是早期的研究热点。从单纯的理论研究到实证研究;此外,在事故过后的应急研究方面也较多,主要关注组织管理、信息传递、部门合作等方面,这些在本书中不做详细综述。本书关注的焦点是地铁"网络结构"由于自身的内部结构导致其具有潜在易损的特性,在受到外界扰动后的故障传播问题。

国际上关于交通网络受到随机扰动(天气、旅客因素、员工操作、交通事故、社会活动、设备故障)和蓄意攻击情况下的服务表现(Transportation Network Against Disaster)的研究源于大的自然灾害,如地震等对交通网络连通性的破坏[67]。虽然学者在网络可靠性方面已有大量研究,但对交通网络脆弱性的研究起源于 2001 年 D'Este 和 Taylor 发起的"Proceedings of first international symposium on transport network reliability"[68]。会议上,Berdica 发表了路网脆弱性研究综述,定义了路网脆弱性,并对相关概念进行了辨析,同时也指出了研究路网脆弱性的必要性[69]。

(2) 各类交通系统脆弱性研究现状

在高速公路网络方面,Issacharoff 等从拓扑角度对欧洲三大高速公路脆弱性做了定量评估[64,70]。首先从拓扑角度识别网络中的关键部位。随后,运用 Wardrop-Nach 均衡模型输入交通数据进行交通流量仿真。比较移除节点前后,系统效率的变化程度。系统的运输功能一方面取决于网络拓扑结构,另一方面取决于给定时段内的交通流量和路网容量,因此将功能脆弱性定义为:

$$L_F^{(u)} = 1 - \frac{Q(u)}{Q(0)} \tag{1-5}$$

其中,$Q(u)$ 与 $Q(0)$ 分别表示网络受干扰(移除节点)与未受干扰(未移除节点)下的服务质量,服务质量 Q 是路网流量与容量的函数。

在城市道路网络方面,Jenelius 等认为脆弱性包含部件失效的概率及造成的后果,从始末节点(Orient-Destination, OD)之间的出行费用角度研究道路网的脆弱性[71]。Jenelius 扰动覆盖范围角度,基于网格覆盖攻击法提出了道路网络脆弱性评估方法,考察自然灾害如洪水、暴雪、风暴、火灾对路网造成的损害程度[72]。Tu 等将通信领域的最小频割度向量的指标引入路网拓扑脆弱性评价中,评价一条或多条路段受到破坏时,路网的连通性问题[73-74]。他们认为路网的拓扑结构脆弱性与交通需求无关,故在分析时不考虑路段长度、成本等方面的差异,将路段状态分为"连通"和"不连通"。路网上任一 OD 对之间,如果至少存在一条路径,则认为该 OD 对连通,否则不连通。同样,Kurauchi 等从拓扑角度研究连接脆弱性,将路段看作是串联或者并联组合来评价路网的脆弱性水平[75]。

在航空网络方面,Dall'Asta 等认为现实复杂网络拓扑结构与运输功能密不可分,因此,在研究航空网络在蓄意攻击情况下的脆弱性表现时,应在拓扑结构的基础上同时考虑权重(乘客量)及空间因素。用介数作为机场和航线的重要性指标,按照节点和边的重要性程度建立蓄意攻击策略。研究发现,基于权重的攻击策略造成的破坏范围比不考虑权重的攻击策略造成的故障规模更大。该方法假设越繁忙的线路,其间的班次越多,因此最短路径是乘客量的减函数,是实际距离的增函数。用 kendall 系数对节点度、节点距离强度、节点流量强度、拓扑介数、流量介数做相关性分析,结果显示流量介数对其他四个变量相关性最低,因此认为,同时将运输功能及实际距离结合到拓扑结构的分析更加有效。最后用相对全局失效点来衡量航空网络的脆弱性,发现负权重的网络比无权网络更加脆弱,尽管从拓扑角度来看网络依然存在 80% 的相连节点,但仅有 20% 可以继续提供服务。

在地铁网络方面,国内外关于地铁网络的脆弱性研究还处于起步阶段,学者的关注点集中在 UMNS 拓扑结构复杂性特征实证分析及拓扑结构连通脆弱性评价[5,76-81]两个方面,从乘客延误角度出发的地铁网络脆弱性研究相当少。Shimamoto 等研究了故障情况下某条地铁线路的发车频率降低而导致网络中的乘客滞留和拥挤。文章采用使用者均衡流量分配模型对地铁网络早高峰时段内的乘客流量进行静态分配,以全网不能上车的乘客数目作为评价故障造成的影响程度。关键线路定义为由于故障导致整条线路的发车频率降低而对整个网络造成重大影响的线路。关键站点定义为由于故障导致某一条线路的发车频率降低,而使得车站发生过度拥挤,其评价指标为站台的满意度[82]。

由上述内容可以看出,交通网络脆弱性评价,从理论到实证,从简单的图论到复杂网络理论,从拓扑结构连通性角度出发的脆弱性评价到从乘客延误角度出发的脆弱性评价都做了有意义的研究。各研究之间的主要区别在于研究对象(针对的某一类交通类型)、采用的攻击策略,以及脆弱性评价指标三个方面。其中,脆弱性研究在高速公路网络、城市道路网络、航空网络、地铁网络中所占比例见图 1.5。下面的文献回顾从攻击策略和脆弱性评价指标两个方面展开。

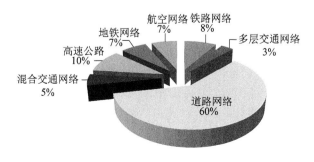

图 1.5 脆弱性研究在各个交通类型中所占比例

(3) 攻击策略

网络中节点和边的攻击策略是交通网络脆弱性研究的一个必要内容,具体指对网络中特定节点或边模拟某种扰动,如自然灾害(地震、洪水、暴雨等恶劣天气)、突发事件(交通事故、集体事件、施工、城市应急)、拥堵或者乘客的异常行为[83]。

微小扰动(如双车道的路段中某一个车道发生事故,另一个车道仍然能够提供服务)通过减小路段容量模拟[84-85],严重扰动(如双向车道的路段由于两条车道同时发生事故,导致后续车辆无法通过)采用完全移除路段模拟[86]。因此,根据故障发生后路段容量的下降程度将攻击策略分为完全攻击策略[87-90]和不完全攻击策略[88,91-94];根据发生故障路段数目将攻击策略分为单一失效[89,95-96]和组合失效[89,95,97];根据攻击选取的节点或者边是按照部件重要性还是随机选取,分为蓄意攻击[98-99]和随机故障[98,100-101]。因此,按照以上三种分类方式,可以将攻击策略分为6类,其中,按照单一失效、组合失效、蓄意攻击和随机故障组合形成的攻击策略示例见图1.6。

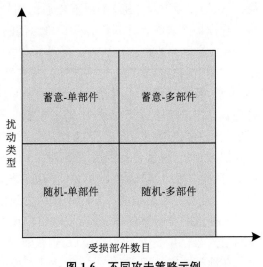

图1.6 不同攻击策略示例

(4) 交通网络脆弱性评价指标

脆弱性评价指标用来定量描述发生在系统或网络上的扰动将对系统造成多大的影响[84],对脆弱性内涵的界定决定脆弱性指标的构成要素。部分学者认为脆弱性是扰动发生的概率和扰动造成的影响的组合,故其脆弱性指标由概率(Probability,简称P)和影响(Consequence,简称C)两部分(P-C)组成[102];但部分学者[83,103]认为脆弱性应该只考虑扰动造成的影响,其脆弱性指标只包括影响(C)部分。由此,首先从脆弱性评价指标是否含有扰动的发生概率,将其分为两大类:P-C和C类(如图1.7所示)。

网络整体、节点或边对扰动的脆弱性程度由脆弱性评价指标所考虑的因素决定。首先,交通网络是一种具有地理属性的空间网络,每个节点和边都有空间位置、地质环境、人口密度、周围设施情况等属性,这类因素称为地理空间属性(Spatial-related Factor,简称S)。其次,从拓扑学角度来看,交通网络中两个相邻节点之间的距离可以用边上的权重表示,而网络图中的边和点只表示它们之间的连接关系,不含有空间地理位置等属性,通常用节点度、介数、聚类系数、效率等指标来描述节点和边在网络中的重要程度及网络的疏密程度[104],这类因素称为拓扑特征属性(Topological-related Factor,简称T);地理空间属性和拓扑特征属性无法反映交通网络的运输功能属性,因此,将乘客路径选择行为、出行路径费用、交通流量分配、在网络上的流量、车辆行驶速度、路段容量、公共运输工具发车频率、载客量等因素称为交通运输功能属性(Traffic-related Factor,简称T_r)。交通网络脆弱性评价指标通常是这些属性中的一个或几个的综合考虑(见图1.7)。

大多数研究采用交通运输功能属性和地理空间属性作为脆弱性评价指标的构成要素,而不考虑拓扑特征属性。这些研究基于不限制容量的交通分配模型[88,100,105-112]和容量限制的交通分配模型[91,92,95,97,99,113-116],用户最优[88,89,93,100,107,112,113,116-121],系统最优[107],

1 绪　论

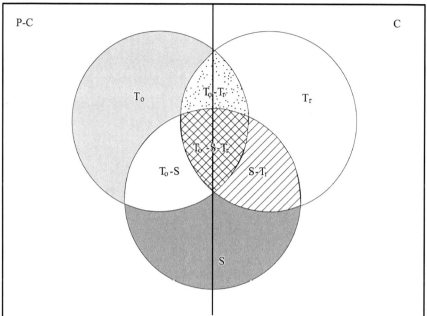

图 1.7　交通网络脆弱性评价指标

Logtit 模型[94, 97, 122]，全有全无分配模型[106, 110]，随机概率模型[106, 115]，动态用户最优[84, 99]，动态随机分配[123]，博弈论[124-130]评价扰动发生前后出行费用的增加。

任何网络形式的系统，其运输功能都有可能被来自系统内部或外部的扰动严重破坏[116]。复杂网络理论[104]被广泛地应用到包含拓扑特征属性的交通网络脆弱性研究中[8, 96, 98, 101, 131-137]，但拓扑特征属性无法反映交通网络运输功能的实际脆弱性程度。Ghosh 等和 Kurant 等将区间上的列车数量作为权重，评价移除车站或区间后网络性能的下降程度。结果显示，无论是加权网络还是无权网络，网络的异质程度越高，对蓄意攻击越脆弱[137-138]。

由此说明，交通网络的运输功能属性或者与网络的拓扑结构属性存在某种联系，如果能够证明这一点，就可以从网络的拓扑结构对更为复杂的含有乘客行为的交通网络在扰动作用下的脆弱性程度进行预测。Issacharoff 等将拓扑特征属性与交通运输功能属性结合，评价高速公路的脆弱性[116]，一方面从复杂网络理论的角度评价高速公路网络结构的连通脆弱性，另一方面从乘客出行费用增加角度评价运输功能脆弱性。结果显示，二者在相同数量的扰动下脆弱性水平相似，且存在线性关系。由此说明，交通网络结构的拓扑特征与其功能脆弱性存在联系，可以更加容易地从拓扑结构特征来评价交通网络的功能脆弱性。

尽管 Issacharoff 等的研究相比单纯地从拓扑特征属性或者交通运输功能属性方面评价交通网络的脆弱性有了很大的进步，但其不能用来揭示由于乘客延误、拥挤传播导致的大规模故障[139-141]而产生的脆弱性与交通网络拓扑结构的关系。

1.2.4 研究存在的不足

综合上述研究成果可见，由于各个城市地铁网络的网络化程度低、网络规模小等原因，使得国内外对城市地铁网络的脆弱性研究没有得到广泛开展。

首先，从 UMNS 拓扑结构复杂性的研究来看，缺乏对运行线路的考虑。以地铁网络为例的公共交通网络，区别于社会网络、航空网络、道路网络的一个重要特征是其演化以线路为单位，一条线路可以有一个至几十个"点"，这些"点"之间通过运行线路相互依赖。显然，按照以节点为演化单位的复杂网络拓扑结构特征分析方法不适用于地铁网络。

其次，缺乏对地铁网络时空演化机制的研究。底层拓扑网络是进行各种动力学分析的基础，没有一般化的地铁网络演化机制，就无法生成理论的地铁网络模型。仅仅在某个实际地铁网络上进行的动力学分析不具有一般性和理论性。

再次，缺乏对不同拓扑结构类型的 UMNS 脆弱性的研究。网络上的动力学过程主要依赖于底层拓扑结构，但是，不同拓扑结构类型与功能之间的相互依赖关系至今还没有被完全揭示，什么样的拓扑结构对随机和蓄意攻击更加脆弱或者鲁棒？网络规模及网络节点的异质程度对网络的脆弱性有什么影响？这些问题都有待解决。

最后，缺乏从乘客延误角度出发的结构脆弱性的研究。交通网络的本质是为出行者提供出行服务，而这种服务依赖于底层拓扑结构，并在拓扑结构上进行各种动力学演化，因此，从乘客延误角度研究交通网络的脆弱性是非常必要的。

1.3 研究目标和内容

1.3.1 研究目标

由发生在地铁网络的随机故障和蓄意攻击扰动可以看出(例如,香港地铁网络油麻地地铁车站供电故障导致的大规模乘客滞留以及莫斯科地铁网络的连环自杀性爆炸恐怖袭击事件造成 500 000 人次客流受影响)，地铁网络的关键车站或区间一旦受到扰动，必然造成大规模的影响。

基于以上实际问题及文献的研究不足，提出本书的研究目的：识别网络中的关键车站和区间；从网络的拓扑结构连通性和乘客延误角度评价关键车站和区间失效对整个网络造成的影响；挖掘地铁网络结构与其脆弱性表现之间的关系。

1.3.2 主要研究内容

(1) 基于复杂网络理论的 UMNS 结构复杂性研究

从复杂网络理论的角度出发,研究 UMNS 是否具有无标度和小世界特性。识别地铁网络与社会网络、航空网络、道路网络、万维网、电网等以节点为演化单位的复杂网络的本质区别,建立适用于地铁网络的无标度和小世界评价方法。在此基础上,对 52 个地铁网络进行实证分析,得到统计拟合分析结果。

(2) 分析不同拓扑结构的地铁网络时空演化机制,构建时空演化模型

在实证分析的基础上,得到真实地铁网络时空演化的连接机制,结合地铁网络规划原则,基于节点复制模型构建地铁网络时空演化的择优连接机制,以及在指定方向上的站点随机游走机制;基于以上分析,构建不同拓扑结构类型、不同线路度分布、不同规模的地铁网络建模方法,并构建 6 种典型拓扑结构地铁网络,最后与实际网络的拓扑特征值比较,评价和改进地铁网络时空演化模型。

(3) 从拓扑结构连通性角度出发,评价不同拓扑结构类型的 UMNS 结构脆弱性

从拓扑结构连通性角度出发,评价相同规模不同拓扑结构类型、相同结构不同异质程度的 UMNS 结构脆弱性。首先,构建 UMNS 结构脆弱性评价指标,制定攻击策略;其次,演化生成相同规模的星型、放射型、网格型、星型+环型、放射+环型、网格+环型地铁网络结构,对 6 个网络进行攻击仿真及结果分析,得出拓扑结构类型与结构脆弱性之间的关系;最后,同样演化生成相同结构、相同规模的不同异质程度的地铁网络结构,对其进行攻击仿真及结果分析,得出不同异质程度与结构脆弱性之间的关系。

(4) 从乘客延误角度出发,评价不同拓扑结构类型的 UMNS 结构脆弱性

从乘客延误角度出发,评价相同规模不同拓扑结构类型、相同结构不同异质程度的 UMNS 结构脆弱性。首先,考虑地铁网络中存在列车发车频率、车厢容量限制等实际问题,建立地铁网络出行路径费用模型;其次,建立动态非平衡 Logit 流量分配模型;再次,构建基于乘客延误的地铁网络结构脆弱性评价指标;最后,在已经生成的 6 种相同规模不同拓扑结构类型的地铁网络,6 种相同结构、相同规模、不同异质程度的地铁网络上进行流量加载、动态路径选择、动态流量分配,对车站实施随机故障和蓄意攻击的仿真分析,得到不同拓扑结构类型、不同异质程度对基于乘客延误的地铁网络结构脆弱性的影响。

(5) 香港、南京、北京、上海地铁网络结构复杂性与脆弱性实证研究

以不同结构类型、不同规模、不同异质程度的香港、南京、北京、上海地铁网络为例进行结构复杂性与脆弱性的实证研究,比较四个城市地铁网络的脆弱性差异。将实证结果与理论结果对比,评价理论研究的合理性。

1.3.3 研究内容框架结构

本书的研究内容是一个有机的整体,可以用如图 1.8 所示的框架结构图表示研究内容之间的关系。

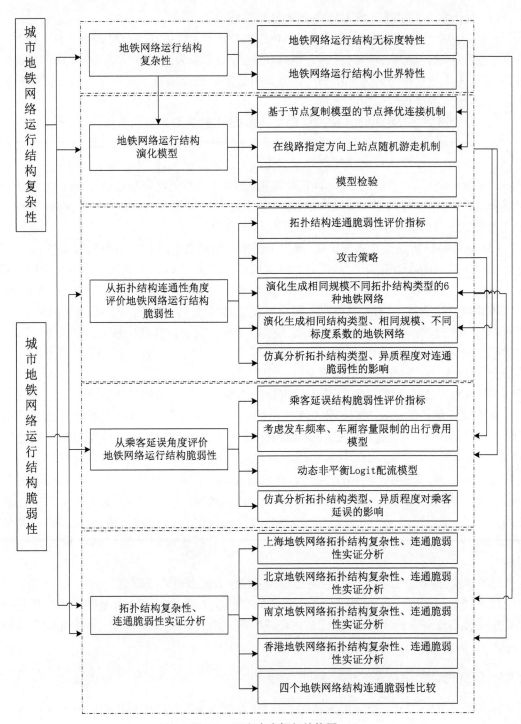

图1.8 研究内容框架结构图

1.4 本章小结

本章通过文献综述,从交通网络拓扑结构复杂性、交通网络脆弱性两个方面对已有文献进行了详细的分析,发现当前对地铁网络的研究还处于起步阶段,UMNS 方面的文献大多关注地铁网络拓扑结构复杂性,对 UMNS 脆弱性的研究也主要从拓扑结构连通性角度出发。总体来看,缺少从地铁网络特有属性来研究其拓扑结构复杂性,且缺乏对地铁网络时空演化机制的研究,缺乏对不同拓扑结构的城市地铁网络结构连通脆弱性的研究,缺乏从乘客延误角度出发的结构脆弱性的研究。结合实际地铁网络中发生的随机故障和蓄意攻击造成的大规模影响事件,明确了本书的研究目标和研究内容。

2 本书研究的理论基础及相关概念解析

2.1 城市地铁网络系统结构脆弱性及相关概念界定

2.1.1 城市地铁网络系统结构范围界定

依据美国工程师学会的定义,城市轨道交通指利用地面、地下或高架设施,不受其他地面交通干扰,使用专用动力车辆行驶于专用路线,并以密集班次、大量快速输送都市及邻近地区旅客的公共运输系统。依照运输特性,可分为地铁系统(MRT)、通勤铁路系统(EMC)、轻轨系统(LRT)、公车捷运系统(BRT)等,本书仅选取地铁系统作为研究对象。

地铁系统由一系列相关设施组成,包括车辆、线路、车站、供电、通信信号等,它们的协同合作是为用户提供满意服务的保证。车辆、线路、限界、车站、轨道、供电系统、通信信号系统和环控系统等,是城市轨道交通系统的基本构成。

本书所研究的地铁网络运行结构(UMNS)包括轨道线路、车站和车辆设备。大运量、高速度、独立专用轨道的城市轨道交通虽然具备了大城市公共交通系统骨干运输方式的条件,但单一的轨道交通线路不具有系统复杂性,地铁系统必须形成网络才具有复杂性。因此,在本书选择的地铁网络中,线路之间都是关联的,即线路和线路之间都至少存在一个换乘车站,独立线路不作为研究对象。

2.1.2 城市地铁网络系统结构分类

2.1.2.1 线路类型

Vuchic 从线路几何拓扑形状和运营两个角度将地铁网络线路分为 6 种类型,分别是:放射+分支、放射+径向、径向+环、切线、环线、径向线,见图 2.1。本书对 6 种线路类型仅做简要描述,详细的介绍请查阅文献[142]。

放射型线路(图 2.1 中线路 1)是指线路始于城市中心,即首末节点的其中一个位于城市中心圈,由此延伸到城市郊区,因此,另一个首末节点位于城市郊区。放射型线路的主要线路为城市郊外与城市中心的通勤者提供服务(如图 2.1 中线路 1a)。放射型线路经常会出现分支(如图 2.1 中线路 1b 所示),分支线路的班次往往没有主要线路的班次密集,同时,线路上车站较少。在实际运营中,这种分支线路与主要线路独立,一般从分叉节点开始运行,因此,本书中将类似于图 2.1 中线路 1b 和 2b 看作是一条独立的分支线路类型加入网络,这种线路在地铁网络中广泛存在,具体定义将在下文详细给出。

径向型线路(见图 2.1 中线路 2、3 和 6)穿过城市中心圈,并且两个首末节点都在城市中心之外。径向型线路通常被称作贯穿线,但不一定要贯穿城市的两个相对方向,也可以是 L

2 本书研究的理论基础及相关概念解析

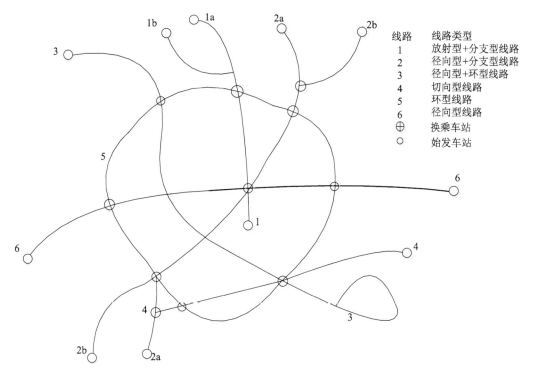

图 2.1 地铁网络线路类型

型,只要穿过城市中心,并且两个首末节点都在城市中心圈外的都可以看作是径向型线路。径向型线路与放射型线路类似,同样为来往于城市郊区和城市中心的通勤者提供服务,但径向型线路连接的是两个城市郊区,而放射型线路连接的是一个城市郊区。本书采用 Vuchic 对径向型线路所做的定义。

切线型线路(如图 2.1 中线路 4)的首末节点都在城市之外,线路的大部分站点经过城市区域,但不经过城市中心圈。切线型线路为生活和工作在城市中心圈外的通勤者提供服务,因此,客流相比径向型线路和放射型线路较少,班次也相对稀疏。由于切线型线路不经过城市中心圈,所以往往会与穿过城市中心圈的径向型或者放射型线路相交,以实现与城市中心圈的连通,因此,当切线型线路的一个首末站点占用连接城市中心圈线路时,也可以被看作是径向型线路的一个分支;当切线型线路的两个首末节点都没有使用网络中的旧节点时,本书中将其看作是径向型线路。

环型线路(如图 2.1 中线路 5)由于形成环型而不含有首末节点。环型线路通常位于城市中心圈,为中心圈内的通勤者提供服务,同时与径向型线路、放射型线路连接,为城市郊区和城市中心圈通勤提供服务。环型线路通常是由一条线路形成,但也有两个半圆组成一个环的情况,如巴黎地铁 2 号线和 6 号线,因此,本书将所有不含有首末节点的线路看作是环或者环的一部分。

Vuchic 从线路所处的地理位置和运营方式角度对线路的分类做出了详细的定义,本书从拓扑结构角度对线路类型进行分类,以线路含有首末节点的数目作为分类标准,将网络中的所有线路分为含有两个首末节点的线路、含有一个首末节点的线路、不含有首末节点的线路。含有两个首末节点的线路即 Vuchic 所定义的径向型和放射型线路;不含有首末节点的线路为其定义的环型线路;本书将类似于图 2.1 中线路 1b 和 2b 看作是一条独立的分支线路类型,这种线路在地铁网络中广泛存在,分支型线路中的一个首末节点为城市中心圈内、城郊结合处的已有站点,然后向城市郊区延伸,因此,分支型线路只含有一个首末节点,为城市郊区和城市中心区的通勤提供服务。

2.1.2.2 地铁网络结构类型

由于城市的自然地理、社会经济条件和地铁网络建设的历史各不相同,地铁网络也并不是严格地按照某种单一的结构类型发展,而是多种类型结合的综合结构形态,已有文献中提出 18 种基本的地铁网络形式[143](如图 2.2 所示),但究其实质,网络结构类型由其包含的线路类型、线路接入网络的位置、线路游走方向决定。例如,4 条径向型线路可以通过接入点位置和线路游走方向分别形成星型网络、放射型网络和网格型网络,同样是 4 条线路,当其中一条为环型线路时,可以形成带有环的星型网络、放射型网络。对地铁网络结构类型进行研究的目的是为了更加深入地分析不同结构类型的复杂性与脆弱性方面的异同,因此,本书选择典型的星型结构、放射型结构、网格型结构、环型结构的地铁网络结构类型做深入研究。

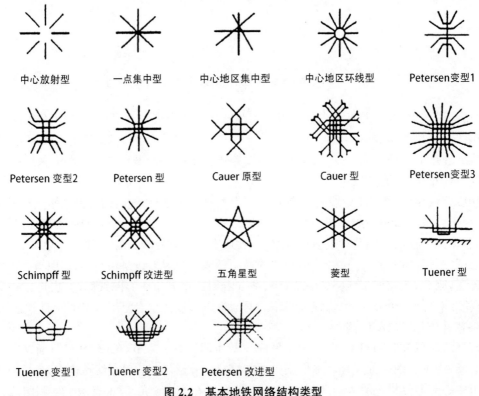

图 2.2 基本地铁网络结构类型

星型结构是指网络中的径向型线路都相交于城市中心的一个站点,其唯一的换乘站多位于市中心的客流集散中心。这种结构由于所有的线路都通达市中心,市郊与市中心联系便利,所有线路间都可以实现直接换乘,是换乘次数最少的一种形式。但同一换乘站上客流过于集中,换乘客流间相互干扰也大,容易引起混乱与拥挤。而且市郊之间的联系不便,必须经过市中心换乘。星型地铁网络结构是由多个 X 型连接而产生的,线路在演化时偏好连

2 本书研究的理论基础及相关概念解析

接中心性节点,且这种节点具有唯一性。该类型网络的代表如 Stockholm 地铁网络[如图 2.3(b)所示],3 条径向型线路相交于位于市中心的 T-Centralen 车站。

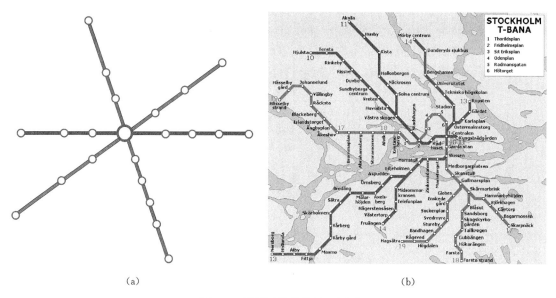

图 2.3 星型网络结构及示例图

网格型结构指径向型线路(至少 4 条)通过在市中心范围内接入到网络中,与接入线路正交游走而形成四边形网格的结构[如图 2.4(a)所示的包含 4 条径向型线路的简单网格型结构]。这种结构的线路在中心城内分布比较均匀,结构连通性好,乘客的换乘选择较多,线路平行分布,能提供较大的输送能力,线路和换乘站上的客流分布得比较均匀。但平行线路之间的换乘至少需两次,而且由于没有通达市中心的径向路线,市郊到市中心的出行不便,如日本大阪城市轨道交通系统[如图 2.4(b)所示],由 3 条横向、3 条纵向径向型线路、1 条纵向分支型线路组合形成的网格型结构。

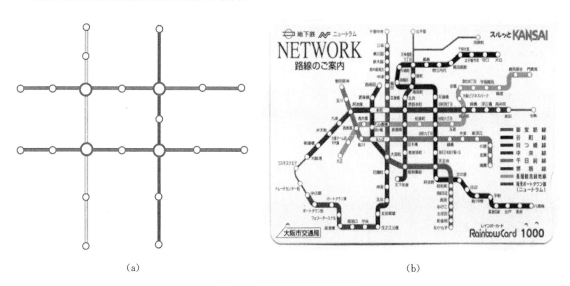

图 2.4 网格型结构及示例图

放射型结构是指线路(至少 3 条)径向线交叉所形成的网格多为三角形的网状结构[如图 2.5(a)所示的包含 3 条径向型线路的简单放射型结构示例]。线路在市中心区发生三角形交叉,市中心线路和换乘站密集而均匀,网络连通性好,乘客换乘方便。这种结构各个方向都有线路通达市中心区,市郊到市中心的出行方便,缺点是市郊间的出行必须到市中心的换乘站换乘,如俄罗斯的圣彼得堡地铁网络[如图 2.5(b)],由 3 条径向型线路、1 条分支型线路交叉组合形成放射型结构。

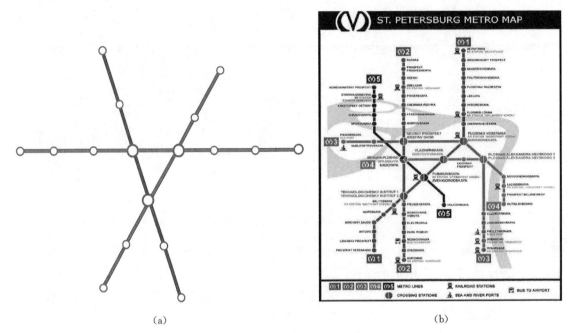

(a)   (b)

图 2.5 放射型结构及示例图

放射+环型结构[如图 2.6(a)所示]、网格+环型结构[如图 2.7(a)所示]、星型+环型是在放射型结构、网格型结构、星型结构的基础上增加环线而形成的路网结构,常见于一些规模很大的系统,如莫斯科、巴黎、东京等地铁系统。这种结构具有放射网状结构的全部优点,环线与所有径向线都能直接换乘,整个网络的连通性更好,线路间换乘更方便,而且能有效地缩短市郊间乘客利用地铁网络出行的行程和时间。放射+环型地铁网络结构的代表如莫斯科地铁网络[如图 2.6(b)所示],由 6 条径向型线路、3 条分支型线路和 1 条环型线路构成。网格+环型地铁网络结构的代表如北京地铁网络[如图 2.7(b)所示],由 4 条径向型线路、7 条分支型线路和 2 条环型线路构成。

2.1.3 城市地铁网络结构脆弱性定义及相关词语辨析

2.1.3.1 交通网络脆弱性定义

虽然近年来国内外有关交通网络脆弱性的研究逐渐增多,但是当前对交通网络脆弱性还没有形成一个统一的定义。通过对相关文献的研究,将文献对脆弱性的定义分为三类:第一类以 Abrahamsson 为代表,用俗语"千里之堤毁于蚁穴"来定义网络脆弱性,在很小的扰动下,如果这个扰动发生在系统的关键部位或者关键时间,会造成很大的损坏甚至由于级

2 本书研究的理论基础及相关概念解析

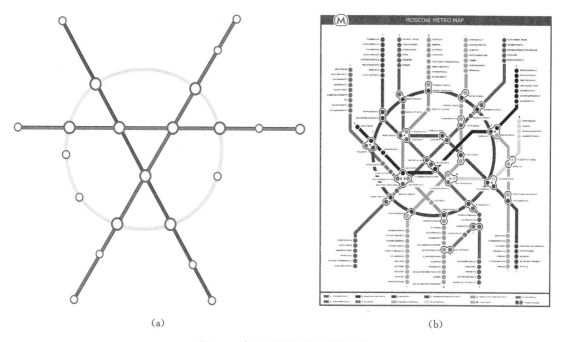

(a)　　　　　　　　　　　　　　(b)

图 2.6　放射+环型结构及示例图

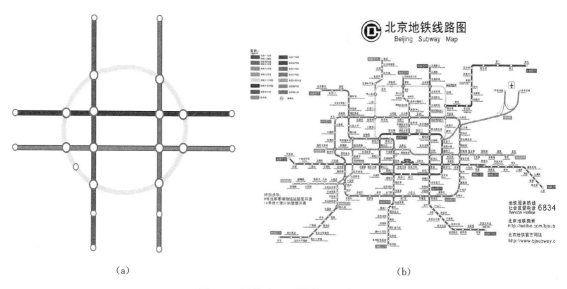

(a)　　　　　　　　　　　　　　(b)

图 2.7　网格+环型结构及示例图

联效应导致系统瘫痪[103]。交通网络的脆弱性只有在一定的压力下,网络负荷达到其最大承载能力,一个很小的扰动就能够造成大规模故障甚至被放大到致使整个网络崩溃,该定义受到了大多数学者的认同[83,144]。

第二类以 Berdica 为代表,认为道路运输网络的脆弱性是一个易于受扰动影响而导致道路交通运输网络的服务水平极大下降的敏感度。对道路运输网络脆弱性的控制应该包括风险事件识别、风险事件发生可能性及风险事件发生后造成的后果评估[102,145]。

第三类学者如 Erath 等、Johansson 和 Hassel、Tampère 等认为交通网络脆弱性应该包含事件发生概率和造成的影响[87,117-118,146-148]。但客观地评价风险发生概率非常困难,使得部分学者即使持有该观点,但在研究中也未对风险发生概率进行测算,而只考虑网络部件的条件关键程度,即在假定风险事件已经发生的情况下,造成的影响程度,称之为部件的条件关键程度[95,97]。

从脆弱性(Vulnerable)的词源来看,"脆弱性"一词最早出现在古希腊神话中,用来形容阿喀琉斯之踵(Achilles' Heel),描述一个除脚踝外,其他部位都是刀枪不入的人,最终死于脚踝这一弱点。因此说,脆弱性是一种源于系统内部的、与生俱来的属性[149-151],只有当系统遭受扰动时,这种属性才表现出来。系统的内部特征是系统脆弱性产生的主要、直接原因,而扰动与系统之间的相互作用使其脆弱性放大或缩小,是系统脆弱性发生变化的驱动因素,但这种驱动因素的作用是通过影响该系统内部特征而使系统的脆弱性发生改变,并最终通过系统面对扰动的敏感性以及应对能力来体现。

Taylor 和 D'Este 认为如果将脆弱性定义为风险事件发生的概率和造成的后果的整体,则由于风险事件概率的不确定性,使得这种源于系统内部的缺陷程度不易被观察到[105,152]。基于以上分析,本书将脆弱性定义为:

脆弱性是指在系统的关键部位发生很小的扰动,可以造成很大的损坏甚至由于级联效应导致系统瘫痪。脆弱性是一种系统固有属性,只有当系统遭受扰动时,这种属性才表现出来。系统的内部特征是系统脆弱性产生的主要、直接原因,而扰动与系统之间的相互作用使其脆弱性放大或缩小,是系统脆弱性发生变化的驱动因素,但这种驱动因素的作用是通过影响该系统内部特征而使系统的脆弱性发生改变,并最终通过系统面对扰动的敏感性以及应对能力来体现。

2.1.3.2 脆弱性相关概念辨析

在基础设施管理领域,风险被认为是风险事件发生的可能性、风险事件发生而导致基础设施发生故障的可能性及设施故障造成的影响的整体[117,150]。风险度量包含了不确定性和主观性。而脆弱性是一种源于系统内部的属性,不会因为风险事件发生的可能性而被缩小或放大[150,153-155]。

可靠性主要用于研究城市道路拥堵现象及路网能够提供标准服务的可能性[110]。可靠性的研究能够了解特定条件下交通网络的服务性能,但连通概率使得存在于交通网络内部的缺陷无法被观察到。同时,这种特定条件一般不是关于系统自身结构发生故障,且识别关键节点和路段不是可靠性的研究内容。

恢复力是指交通网络能够承载和从故障中恢复的能力[156,157],也就是系统稳定性的问题,包含两个要素:系统能够承受的最大扰动、系统的恢复速度。恢复力的重点是恢复,而脆弱性研究的重点是评价扰动造成的影响程度及关键部位识别。

鲁棒性与脆弱性相反,是指在指定运行条件下,系统能够达到一定服务性能的程度[93,158]。一个脆弱的系统不鲁棒,反之亦然。脆弱性的研究重点在于识别系统的脆弱性程度,而鲁棒性的研究重点在于研究系统的强健程度[99]。

柔性是指在需求增加的情况下,系统能够继续保持提供满意服务水平的能力[159]。在地铁系统中,扰动可能出现在任何车站和区间上,如果网络有足够柔性,乘客能够通过使用其他路径到达目的地。因此,提高系统柔性和冗余度能够降低网络的脆弱性。然而,网络的柔性的评价方法不能够用来识别网络自身存在的潜在问题。综上所述,与脆弱性相关名词之间的区别与联系如图 2.8 所示。

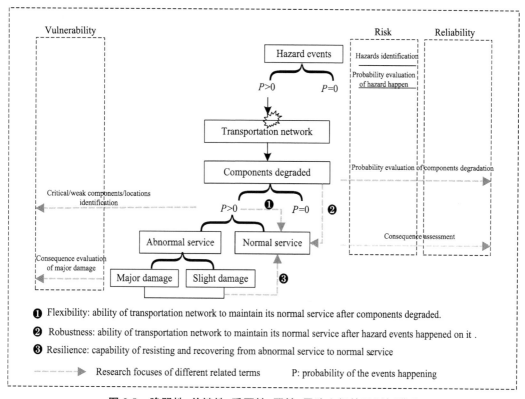

图 2.8 脆弱性、关键性、重要性、弱性、风险之间的区别与联系

2.1.4 城市地铁网络结构脆弱性内涵

城市地铁网络结构脆弱性,是指城市地铁网络系统结构自身的内部结构(拓扑结构类型、网络规模、网络异质程度,具体见第 3 章)决定了该结构比较脆弱[56],这种脆弱性源于地铁网络系统结构内部,是一种与生俱来的属性[149-151],只有当地铁网络的结构遭受扰动时,这种属性才表现出来。地铁网络结构的内部结构特征是脆弱性产生的主要、直接原因,而扰动与系统之间的相互作用使其脆弱性放大或缩小,是系统脆弱性发生变化的驱动因素,但这种驱动因素的作用是通过影响该系统内部特征而使系统的脆弱性发生改变,并最终通过系统面对扰动的敏感性以及应对能力来体现。这种扰动必须能够直接作用在地铁网络结构上,能够导致地铁网络的车站、区间无法正常运行。

本书主要研究地铁网络结构的拓扑特征与脆弱性的关系,脆弱性包括两个方面:一方面是从网络连通性角度出发,只考虑地铁网络结构的内部结构,包括车辆、轨道、车站及运行线路,来评价网络脆弱性程度,称之为拓扑结构连通脆弱性;另一方面是从乘客延误的角度,考虑交通流量与结构之间的相互作用,即基于动态随机非平衡配流的地铁网络结构脆弱性。前者的研究能够揭示来自地铁网络结构的,如网络结构类型、网络规模、网络异质程度等方面的缺陷或脆弱点;后者能够揭示在客流的作用下,各种结构类型、规模、异质程度的网络的脆弱性如何表现，交通系统的天然属性是提供运输服务，因此，客流也是地铁网络系统必不可少的部分，后者的研究能够解释目前存在于地铁网络的早晚高峰、大的体育赛事，以及恐怖袭击或自然灾害情况下乘客延误的传播问题。

2.2 复杂网络理论

研究网络的复杂特性的最终目标是理解网络上的脆弱性如何受到网络结构的影响；网络的形成和演化机制决定网络的结构。因此，网络结构的复杂特性和演化问题，成为复杂网络研究的前提和热点之一[160]。

2.2.1 复杂网络的定义及分类

复杂系统广泛存在于自然界和人类社会中，它们大部分可以通过各种各样的复杂网络来描述。网络无处不在，复杂网络已经成为研究复杂系统的最为重要、最富挑战性的课题之一[161]。我国著名科学家钱学森曾对复杂网络进行了如下定义：具有自组织、自相似、吸引子、小世界、无标度中部分或者全部性质的网络称之为复杂网络[161]。Albert 和 Barábasi 在其文章中指出："自然界中存在的各种复杂系统都可以通过形形色色的网络加以描述，如生物网络、社会网络、计算机网络、神经网络、电力网络以及交通运输网络等。"[52]

复杂网络研究的兴起，使得人们开始广泛关注网络结构复杂性及其与网络行为之间的关系。要研究各种不同的复杂网络在结构上的共性与差异，首先需要有一种描述网络的工具，这种工具在数学上称为图（Graph）。任何一个网络都可以看作是由一些节点按照某种方式连接在一起而构成的一个系统。具体网络的抽象图表示，就是用节点来代表真实系统中不同的个体，用边来表示个体间的关系，若两个个体之间存在某种特定关系则两点之间存在连边，否则不存在连边。欧拉对七桥问题的研究开创了数学中一个分支——图论的研究。直到 20 世纪 60 年代，数学家 Erdös 和 Rényi 建立的随机图理论（Random Graph Theory）被认为是研究真实网络最有利的武器[162]。但是，随着计算机科学的飞速发展，通过大量实际数据的统计分析，科学家发现大量真实网络不能被随机网络解释，如社会关系网和万维网的连接关系，它们体现出来的是与规则网络和随机网络两者皆不同的统计特征。随后，复杂网络的小世界特征和无标度特性的发现，开创了复杂网络研究的新纪元。

区分复杂网络和一般网络最主要也是最重要的两个特征正是著名的小世界效应和无标度分布。人们通过统计网络的度分布、聚类系数、网络直径、平均最短距离等特性来分析网络的结构特性。

一般地，具有不同拓扑结构的网络可以分为规则网络、随机网络、小世界网络和无标度网络。规则网络是指具有规则拓扑结构的网络，如完全连接图、星状网络、邻近节点连接图等。随机网络是由一些节点通过随机布置的连接而形成的复杂网络。小世界网络具有大的聚类系数和小的平均距离。无标度网络是节点与节点之间的连接分布遵循幂律的网络。

根据节点度的分布特点，将复杂网络划分为指数网络和无标度网络[163]。指数网络中的节点是同质的，节点度大致相同，绝大部分节点的度分布在平均节点度附近，网络节点度分布随度数的增加呈指数衰减，使得网络中不存在度数特别大的节点。最经典的两种指数网络是 1960 年 Erdös 和 Rényi 提出的 ER 随机图模型，以及 1998 年 Watts 和 Strogatz 提出的 WS 小世界模型。随机图模型的聚类系数小于小世界模型,这是二者的主要区别。无标度网络中的节点是异质的,其节点度服从幂律分布,大部分节点只与少数几个重要节点连接,但这类重要节点在网络中所占比例极小。

按照网络的生成方式,还可以将复杂网络分成随机性网络、确定性网络和混合网络。随机网络按照新增节点随机连接旧节点的方式生成;确定性网络按照指定规则生成。然而,真实世界是确定性与随机性的统一,许多实际网络兼具有小世界特性和无标度特性[52,164-165]。因此说,混合演化模型应该更符合实际网络的生长机制,具有更大的实际意义和应用价值。

复杂网络研究关注个体之间的微观相互作用导致的宏观现象,这种将系统行为作为一个整体的研究方式不受传统还原论方法的限制,从而能够描述复杂系统丰富的整体行为,包括组织特性、涌现等,这使得以网络的方式研究复杂系统成为必然趋势。复杂网络的研究热潮促进了学科之间界限的打破,推动了统计物理、非线性动力学、应用数学、信息工程、社会学和生物学等多学科的交叉融合和发展。因此,复杂网络研究具有重大的理论价值。就目前而言,复杂网络理论的主要研究内容可以归纳为[161]:

(1) 发现:揭示刻画网络系统结构的统计性质,以及度量这些性质的合适方法。
(2) 建模:建立合适的网络模型以帮助人们理解这些统计性质的意义与产生机理。
(3) 分析:基于单个节点的特性和整个网络的结构性质分析与预测网络的行为。
(4) 控制:提出改善已有网络性能和设计新的网络的有效方法,特别是稳定性、同步性和数据流等方面。

2.2.2 复杂网络理论常用的拓扑特征量

尽管近年来提出了许多刻画和度量网络的概念,但以下几个概念在复杂网络的研究中发挥了极其重要的作用。因为对小世界和无标度网络的构造以及演化特征都是通过这些重要的统计指标进行描述的。下面介绍论文中常用的几个重要概念,包括节点度、度分布、平均最短距离、聚类系数、介数和有效性[161,166]。

(1) 节点度及度分布

度(或者连接)k_i是刻画和衡量一个节点特性的最简单同时也是最重要的概念,它表示点i拥有的邻居的数量,也就是说,节点的度越大,它在网络中被连接的次数就越多,在网络中的重要性就越高。当其为有向网络时,节点度分为出度和入度,其值用邻接矩阵定义:

$$k_i = \sum_{j \in N} e_{ij} \qquad (2-1)$$

度分布$P(k)$用来表示网络增长机制。作为对网络进行分类的首要依据,它表示在网络中任意选出一个点的度值为k的概率,也就是网络中度为k的节点数目在网络总的节点数目中所占比例。网络中所有节点i的度k_i的平均值称为网络的平均度,记为$\langle k \rangle$。规则网络的格子有着简单的度序列,因为几乎所有的节点具有相同的度,所以其度分布是一个很尖的峰(Delta 分布)。当网络规模趋向于无穷时,完全随机网络的度分布近似为泊松分布$P(k) = e^{-\lambda} \lambda^k / k!$,其形状在远离峰值$\langle k \rangle = \lambda$处呈指数下降。这意味着当$k \gg \langle k \rangle$时,度为$k$的节点几乎不存在。因此,这类网络也称为均匀网络(Homogeneous Network)。近年来对真实网络的实证研究发现,大多数网络的度分布不服从泊松分布,而能够更好地用幂律函数$P(k) \sim k^{-\lambda}$来描述。幂律分布曲线比指数分布曲线在远离$\langle k \rangle$方向下降缓慢得多。因此,在大规模无标度网络中,绝大部分的节点的度相对很低,但存在少量的度相对很高的节点,即新增节点加入网络中不是随机选择旧节点与其连接,而是更倾向于与那些具有较高连接度的"富裕"节点连接,这种现象也称为"富者更富"或者"马太效应"[161]。

(2) 平均最短距离

在网络研究中,定义两节点间的距离为连接两者的最短路径的边的数目;网络的直径为任意两点间最短距离;网络的平均路径长度为所有节点对的最短距离的平均值,它描述了网络中节点的分离程度,即网络有多小。绝大多数大规模实际网络的平均最短路径长度比想象的小得多,称之为"小世界效应"。这一提法源于著名的Milgram"小世界"实验。该实验要求参与者把一封信传给他们熟悉的人之一,使这封信最终传到指定的人,由此来探明熟人网络中路径长度的分布,结果表明平均传过人数仅为六,这一实验正是"六度分离"概念的起源[167]。有向网络的平均最短距离定义如下:

$$l = \frac{1}{N(N-1)} \sum_{i,j \in N(i \neq j)} d_{ij} \tag{2-2}$$

其中,N 表示网络中节点数目,d_{ij} 表示从节点 i 到节点 j 的最短距离。

(3) 聚类系数

聚类系数用来描述点的平均紧密程度[45],节点与任意两个邻居节点组成封闭三元组的程度。在社会学中,聚类系数又可以认为是描述围绕在指定节点周围的节点之间信息传递的通达性,通常用邻居节点之间实际存在的连接数目与最大可能存在的连接数目的比值作为量化指标。在社会学中,聚类系数描述网络中节点的邻居节点之间也互为邻居节点的比例,也就是小集团结构的完美程度。一个节点的聚类系数可以定义为[168]:

$$C_i = \frac{3N_\triangle(i)}{N_3(i)} \tag{2-3}$$

其中 $N_\triangle(i) = \sum_{k>j} a_{ij} a_{ik} a_{kj}$ 表示网络中包含 V_i 的封闭三元组的总数,$N_3(i) = \sum_{k>j} a_{ik} a_{ij}$ 表示理论上网络中包含 V_i 的封闭三元组的总数。节点的聚类系数也可以记为:

$$C_i = \frac{2e_i}{k_i(k_i-1)} \tag{2-4}$$

其中 e_i 表示 V_i 的邻居节点之间的连边数,k_i 表示 V_i 的度,定义为 V_i 的邻边数。显然,只有在全连通网络(每个节点都与其余所有的节点相连接)中,聚类系数才能等于1,一般均小于1。在完全随机网络中,$C = 1/N$,大量实证研究表明真实网络中的节点倾向于聚集在一起,尽管聚类系数 C 远小于1,但都远大于 $1/N$ [169,170]。

(4) 介数

介数值(Betweenness Centrality)来源于社会网络中对个体重要性的评估,一个节点(边)的介数值表示所有的节点对之间通过该节点(边)的最短路径条数占所有最短路径的比例。因此,它能够刻画节点和边在网络中的重要程度。任意节点 v 的介数值定义如下[171]:

$$C_B(v) = \sum_{s \neq t \neq v} \delta_{st} \tag{2-5}$$

$$\delta_{st}(v) = \frac{\partial_{st}(v)}{\partial_{st}} \tag{2-6}$$

其中，∂_{st} 为节点 s 到 t 的最短路径数目，$\partial_{st}(v)$ 为节点 s 到 t 的最短路径中经过节点 v 的最短路径数目。同理，可以计算任意边的介数值 $C_B(e)$。

(5) 有效性

有效性 E 是用以衡量网络通行能力的指标。基于起讫点对之间连接数目的节点效率定义为：由该点到网络中所有节点的距离的倒数之和的平均值[46]，即：

$$E_G = \frac{1}{N(N-1)} \sum_{i \neq j} \frac{1}{a_{ij}} \tag{2-7}$$

其中，a_{ij} 表示节点 i 和节点 j 之间连接的数目，当 $a_{ij} \to \infty$ 时，$\frac{1}{a_{ij}} = 1$。

2.2.3 复杂网络的抗攻击性和抗毁性

2000 年 7 月 27 日 *Nature* 杂志发表了标题为 "Achilles's Heel of the Internet" 一文。Achilles 是古希腊传说中的一位杰出英雄，他身经百战，屡建功勋。据说，Achilles 出生时他的母亲为了造就他一副刀枪不入的钢铁之躯，便倒提着他的身体放到冥河中浸泡。经过浸泡他的身体变成了一副钢筋铁骨，任何凶恶的敌人也不是他的对手。但是他的一只脚后跟却因为握在母亲手中而与普通人一样。在一次战斗中，Achilles 被他的敌人射中了这只脚后跟而死于自身的这一致命弱点。因此，人们把一个系统的脆弱之处称为该系统的 Achilles 之踵。

假定给定一个网络，每次从该网络中移走一个节点，这也就同时移走了与该节点相连的所有的边，从而有可能使得网络中其他节点之间的一些路径中断。如果在节点 i 和节点 j 之间有多条路径，中断其中的一些路径就可能会使这两个节点之间的距离 d_{ij} 增大，从而整个网络的平均路径长度也会增大。而如果节点 i 和节点 j 之间的所有路径都被中断，那么这两个节点之间就不再连通了(如图 2.9)。如果在移走少量节点后网络中的绝大部分节点仍是连通的，那么就称该网络的连通性对节点故障具有鲁棒性。

复杂网络的抗毁性研究最早始于 Albert 等，他们分别研究了随机网络(ER 模型)和无标度网络(BA 模型)置于随机攻击和蓄意攻击下，发现 ER 随机图和 BA 无标度网络之间存在极其显著的差异[52]。无标度网络对随机故障具有高度鲁棒性：与

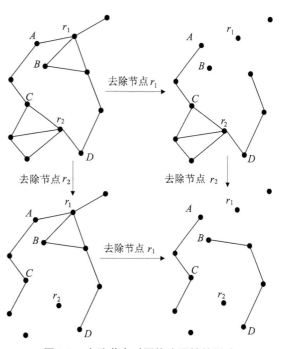

图 2.9 去除节点对网络连通性的影响

随机图相比,最大连通子图的相对大小在相对高得多的删除率时才下降到零,而其平均路径长度的增长则要缓慢得多。无标度网络的这种对随机故障的高度鲁棒性,来自网络度分布的极端非均匀性:绝大多数节点的度都相对很小,但有少量节点的度相对很大。当删除率较小时,随机选取的节点都是度很小的节点,删除这些节点对整个网络的连通性不会产生大的影响。然而,正是这种非均匀性使得无标度网络对蓄意攻击具有高度的脆弱性:蓄意删除网络中极少量度最大的节点就会对整个网络的连通性产生大的影响。

此后,许多学者对其他现实世界中的复杂网络抗毁性展开探讨,总体研究结果似乎都与Albert等所得结果一致。多数网络对于随机的节点删除都表现出鲁棒性,而面对以最大节点度、介数为目标的蓄意攻击却相当脆弱。

2.3 网络演化理论

网络演化理论分析了网络中的成员如何与网络所处的环境发生作用,以获得环境中的稀缺资源,并由此产生竞争和合作。演化理论基于达尔文的生物进化理论,强调在网络演化中的适者生存、优胜劣汰的机制。网络中的成员通过变异、选择和保持这三个基本过程参与竞争和合作,过程中也伴随着冲突。在这种理论构架下,网络和组织可以当作一个生态系统,网络中的成员是在生态系统中共生和共栖的个体或者种群,整个系统可以看作是一个复杂自适应系统。系统在发展中,种群更倾向于彼此相互作用,刚开始种群内部以及种群之间的网络连接密度不高,对环境的依赖程度较高,慢慢地在交互中对环境的依赖减小,密度会增加,最终会创造一个过度稠密的网络。网络开始变得自我封闭,会面临崩溃的边缘。这种过程是具有复杂性的[173]。

2.3.1 BA 模型

幂律分布是强烈异质的,异质高级于均质。均质意味着均匀、平衡、无序或极端有序反而导致的平庸、简单,而异质意味着不均匀、非平衡、有序。

无标度网络模型包括两个要素:增长和优选。前者强调复杂网络是一个开放系统,新的基本单元不断加入,节点总数不断增加;后者强调节点连接新边的概率单调依赖于它已有的度,即所谓"富者更富"法则。BA 无标度网络的构造算法如下:

① 增长:初始 $t=0$ 时,从一个具有 n_0 个节点的连通网络开始,每次增加一个新的节点并且连接到网络中 n 个已经存在的节点上 ($n_0 \geqslant n$)。

② 优先连接:一个新增加的节点与一个已经存在的节点 i 相连接的概率 P 与节点 i 的度成正比关系:$P_i = k_i / \sum_{j=1}^{N-1} k_j$,其中 k_i 表示已经存在的节点 i 的度,N 表示网络节点数。

③ 如此演化,直到网络达到一个稳定状态。

2.3.2 适应度模型

BA 模型基于网络增长和优先连接两种机制,考虑了新节点和旧节点之间的互动关系,但是基本上忽略了节点间其他互动行为。通过这些模型虽然能够产生与实际网络相似的幂律统计性质,但是仍然与实际网络有一定差距。因此,研究者们试图对 BA 模型进行相应的扩展,EBA 模型就是其中一种[174]。在该模型中,新增加的节点以概率 P 与旧节点建立 n 条边外,还将以概率 q 随机重连网络中已经存在的 n 个节点。但是 EBA 模型中,仍然只考虑了节点间的互动,节点更多的是被当作物理学中的粒子,而忽略了节点本身的属性。例如,在社交网络中,某些人个性外向,本身就具有较高的交朋友的能力,显然这些人加入网络中比那些交朋友能力弱的人更有可能交到朋友,从而建立新的连接。这种个体的特性,可以用适应度(Fitness)来描述,由此提出了适应度模型[175],算法的第一步与 BA 模型是一样的,第二步的优先连接有所差异,一个新增加的节点与一个已经存在的节点 i 相连的概率 P_i 不仅与节点的度成正比,而且与节点的适应度也有关系: $P_i = \eta_i k_i \Big/ \sum_{j=1}^{N-1} \eta_j k_j$,其中 η_i 为节点 i 的适应度。

2.3.3 节点复制模型

BA 模型中,新节点加入网络中以一定概率 P 与旧节点建立连接,原有连接数大的旧节点更有可能吸引到新节点的连接或者旧节点的重新连接。除了择优机制之外,还存在一种叫作节点复制(Vertex Copying)的机制[176]。新加入的节点更倾向于复制网络中旧节点的行为,从而导致更加显著的"富者更富"的现象。该模型的算法如下:

① 增长:初始 $t=0$ 时,从一个具有 n_0 个孤立节点的网络开始,每次增加一个新节点通过有向边指向 n 个已经存在的节点($n_0 \geqslant n$)。

② 节点复制机制:以节点复制概率 P 添加该节点指向旧节点的有向边,在旧节点的选取上采用:如果随机生成的[0,1]之间的概率小于 P,则随机选取一个节点,然后再随机地选取该节点另外一个邻居节点相连,如果概率不小于 P,则完全随机地选取一个节点。

在实际中,例如引文网络构建中,作者写论文时会选取某篇论文的参考文献作为自己论文的参考文献,在互联网上构建网页会选择某些网页中的链接作为新建网页的链接。

2.4 动态随机非平衡配流理论

起讫点(Origin and Destination, OD)交通量是两点之间的交通量,即从出发地到目的地之间的交通量。一般的道路网中,两点之间有很多条道路,如何将 OD 交通量正确合理地分配到 OD 之间的各条道路上,即是交通流分配要解决的问题。最初进行交通流分配的研究,多采用全有或全无(All-or-Nothing)的最短路径方法,该方法处理的是非常理想化的城市交通网络,即假设网络上没有交通拥挤,路阻是固定不变的,一个 OD 对之间的流量都分配在"一条路径",即最短路径上。

随着实际应用和理论研究的深入,研究人员发现全有或全无的最短路径配流对于非拥挤路网的规划设计比较合适,但对于拥挤的交通网络,该方法的配流结果与网络的实际流量情况出入甚大。在实际网络中,路网上存在着严重的拥挤,路阻随着交通流量的增加而递增的,出行的流量会在"多条路径"中权衡选择。因此,在 1952 年,著名交通问题专家 Wardrop 提出了网络平衡分配的第一、第二定理,人们开始采用系统分析方法和平衡分析方法来研究交通拥挤时的交通流分配,带来了交通流分配理论的一次大的飞跃。

首先,人们进行了确定性的分配研究,其前提是假设出行者能够精确计算出每条路径的阻抗,从而能够做出完全正确的选择决定,且每个出行者的计算能力和水平是相同的。确定性分配反映了网络的拥挤特性、路阻随流量变化的实际情况,该方法是一次理论的进步。但是,进一步研究实际网络中出行者的出行行为发现,现实中出行者对路段阻抗的估计值与实际值存在一定误差。对同一路段,不同出行者的估计值不会完全相同,因为出行者的计算能力和水平是各异的。

所以,随机性分配理论,其前提认为出行者对路段阻抗的估计值与实际值之间的差别是一个随机变量,出行者会在"多条路径"中选择,同一起讫点的流量会通过不同的路径到达目的地。随机性分配理论的提出,在拟合、反映现实交通网络拥堵问题及多路径选择问题方面又推进了一大步。

以上的静态交通分配理论是在城市交通规划领域提出的,其只需要反映平均的网络交通状态,对于特定时段上的交通流,特别是高峰时段的交通流,静态交通配流模型是无法解决的[177-178]。随着社会发展,交通拥堵问题日益凸显,导致这一问题的关键在于交通需求的时变性,也就是OD矩阵随时间变化,而静态OD及交通分配无法描述这一时变特征。因此,基于动态OD的动态交通分配理论也就应运而生[178]。

动态交通分配区别于静态交通分配最显著的特点就是在交通分配模型中加入了时间变量,把静态交通分配中的路阻和流量的二维问题转换为包含时间的三维问题[178]。动态交通工具分配的实质是将时变的交通出行合理分配到不同路径上。静态流量分配是以OD交通量为对象、以交通规划为目的而开发出来的交通需求预测模型,而动态交通分配则是以路网交通流为对象、以交通控制与诱导为目的的交通需求预测模型,因而,动态交通分配更加适用于本书的研究。

非平衡随机分配方法在各类文献中介绍得较多,但只有两类方法得到了相对广泛的应用,即模拟随机分配法(Simulation-Based)和概率(比例)随机分配法(Proportion-Based)。前者应用Monte-Carlo随机模拟方法产生路段阻抗的估计值,然后进行全有或全无分配;后者利用Logit模型计算不同路径上承担的出行量比例,并由此进行分配。

2.4.1 Logit模型

Logit模型是效用理论在交通工程领域应用的突出体现,最常用的Logit模型是MNL(Multinoial Logit)模型[179]。由于MNL模型直观简洁、易于理解和使用,能够有效地解释出行者出行方式选择行为,该模型得到了广泛应用。

假定路径费用估计值的随机误差项 ε_w^n 相互独立,且服从相同的Gumbel分布,那么,第 n 个OD之间第 w 条有效路径被选择的概率为:

$$P_w^n = \frac{\exp(-\theta c_w^n)}{\sum_w \exp(-\theta c_m^n)} \tag{2-8}$$

其中 P_w^n 为第 n 个OD对之间第 w 条有效路径 k 上的客流分配比例; c_w^n 为该有效路径上可确定的广义费用; θ 是一个与 ε_w^n 的方差有关的参数,它们之间的关系为:

$$\text{Var}(\varepsilon_w^n) = \pi^2/6\theta^2 \tag{2-9}$$

从Logit模型中,可以看出,当 $\theta \to \infty$ 时, P_w^n 趋于1,即所有乘客均选择这条路径;当

$\theta \to 0$ 时,乘客将会均匀分布在所有可选路径上。因此,可以把 θ 看作度量出行者总体对路网熟悉程度的指标。

但传统的 Logit 模型有一个明显的不足之处,即路径的选择概率是由路径之间费用的绝对差决定的,这会在分配过程中,导致一些不合理的结果。因此,可采用相对费用差计算路径选择概率,即将 Logit 模型改进为:

$$P_w^n = \frac{\exp(-\theta c_w^n)/\bar{C}^n}{\sum_w \exp(-\theta c_m^n)/\bar{C}^n} \tag{2-10}$$

其中 $\bar{C}^n$ 为 OD 对之间所有有效路径广义费用的均值,即:

$$\bar{C}^n = \frac{1}{k}\sum_{i=1}^{k} c_i^n \tag{2-11}$$

其中 k 为第 n 个 OD 对。

2.4.2 模拟随机分配法

应用 Monte-Carlo 原理模拟出行者估计阻抗随机性,目前有几种方法,其中 Burrell 于 1968 年提出的方法多年来一直被人们广泛采用。该方法通常基于下列的假设:

(1) 出行者对路段阻抗的估计构成一个以路段实际阻抗为期望值的概率密度分布。在 Burrell 提出的方法中假设分布函数服从均匀分布,而在有的方法中则服从正态分布。

(2) 不同路段估计阻抗的分布是相互独立的。

(3) 出行者均选择最小估计阻抗路径出行。

在上述假设的基础上,Burrell 模拟方法的具体算法步骤为:

第一步:初始化,确定各路段估计阻抗分布函数及分配次数 N,同时令 $n=0$。

第二步:$n=n+1$,对于任一 OD 对,采用产生随机数方法通过相应的分布函数曲线来计算各路段估计阻抗,用最短路径法将 OD 对的 $1/N$ 分配到路网上。

第三步:如果 $n=N$,结束,否则返回步骤 2。

模拟随机分配的缺点有:估计路段阻抗分布相互独立的假设不符合实际;没有很好地考虑拥挤因素。

2.5 本章小结

本章首先界定了本书研究对象的内涵及范围,给出了地铁网络结构脆弱性的定义,并对脆弱性相关概念进行辨析。其次,介绍了复杂网络的基础拓扑特征统计参量及抗毁特性。重点介绍了本书将会应用的网络演化模型和动态随机非平衡配流的相关定义、模型和一般求解算法。这些概念、模型及算法是贯穿本书的研究主线和方法。本书的仿真实验建立在网络模型演化和动态随机非平衡配流的基础上,网络的复杂性和网络的结构特性与脆弱性之间的关系建立在复杂网络的基础上。通过对拓扑特征统计量与仿真结果进行分析,得到了拓扑结构特征对网络结构脆弱性的影响。

3　城市地铁网络结构复杂性分析

3.1　地铁网络结构无标度特性分析

实际 UMNS 结构度分布规律能够揭示地铁网络结构的内在演化机制。本书以"经过地铁车站的拓扑线路数目"作为评价地铁网络结构度分布的量化标准,通过最小二乘法(OLS)对统计数据做非线性回归拟合,得到地铁网络结构线路度分布函数。首先,定义了地铁网络结构拓扑线路;其次,提出节点的线路度和线路度分布的计算方法;最后,对 52 个地铁网络结构样本做非线性回归拟合。结果显示,52 个网络中,地铁车站数目大于 300 的地铁网络结构,标度系数落在 $2<\varepsilon<3$ 之间,且常量 $0<a<1$,表明地铁网络结构线路度分布介于指数分布和幂律分布之间,其新增线路择优选择节点度大的旧站点加载到网络中,且新线路上的站点在规划方向上随机游走,该结果与实际现象吻合。

3.1.1　已有研究回顾

UMNS 结构的网络特性[8]使得复杂网络理论[52]在该领域得以应用。复杂网络理论重点在于研究网络的演化机制及在其上的动力学问题[180-181],小世界特性和无标度特性是网络演化机制研究的两个关键问题[181]。网络的标度特性,也就是网络的度分布[52],决定网络演化过程中的连接机制,节点度服从指数分布则意味着网络演化过程中,新节点随机选择旧节点连接到网络中;节点度服从幂律分布则意味着网络演化过程中,新节点按照一定规则择优选择旧节点连接到网络中[52]。因此,对 UMNS 结构标度特性的研究,可以了解内在演化机制,为建立演化模型为动力学问题的研究提供基础。

已有文献对 UMNS 结构标度特性的研究,主要有:①数学归纳法;②数理统计法。基于数学归纳法的 UMNS 结构节点度分布模型的构造算法,假设条件严格,Angeloudis 和 Fisk 假设 UMNS 结构中不含有环线和分支型线路,且不含有起讫点,推导得到度分布模型服从指数分布,认为 UMNS 结构是一个随机网络,但是模型所产生的节点的度(节点被连接次数)均为偶数,与实际地铁网络不符[47]。基于数理统计的 UMNS 结构标度特性研究分为:①以"节点(地铁车站)被连接次数"作为节点度计算指标;②以"经过节点的线路数目"作为节点度计算指标。前者是指该车站连接到其他车站的次数,也就是通过轨道与该车站相连接的邻居车站的数目,该方法也是 Albert-László Barabási 和 Réka Albert 首次研究社会合作网络、世界航空网络、世界航海网络、万维网所采用的;学者基于该评价指标实证分析 UMNS 的标度特性,得到 UMNS 结构度分布服从指数分布[15,50]、Possion 分布[11]、幂律分布[5-6]3 种结果。后者是指经过该车站的地铁线路数目,该评价方法的出发点基于 UMNS 结构的增长不是单个站点的建设,而是一条新的地铁线路加载到已有的地铁网络结构中,也就是地铁网络结构的不是以站点为演化单位,而是以线路为演化单位。Derrible 和 Kennedy 以 33 个城市地铁网络为样本,统计了经过每个站点的运营线路数目,作为该节点的度,通过对节点度和其对应的节点数目的双对数拟合,发现数据点大于 2 的 19 个样本中有 15 个地铁网络满足幂律函数回归的显著性检验,12 个样本的标度系数都大于 3[7]。

传统的"节点被连接次数"作为评价网络度分布的方法不适用于 UMNS 结构标度特性研究。由于 UMNS 结构以线路为演化单位,一条线路中必然包含多于 1 个的地铁车站,也就是说每次新加载到地铁网络结构中的不是一个节点,而是多个。因此,在 UMNS 结构这类以线路为演化单位的公共交通网络中,"节点被连接次数"不能够反映实际网络的演化机理,而应以"经过车站的线路数目"作为评价度分布的指标才具有实际意义。虽然 Derrible 和 Kennedy 提出的"经过车站的线路数目"的评价方法相比以"节点被连接次数"为量化节点度的方法要进步很多,但是由于因变量"给定节点度对应的节点数目"因网络规模而异,不同网络之间不具有可比性,频次不同于概率值,在对不同规模的网络进行比较时会出现大的差异;此外,在给定拓扑结构的情况下,运营线路数目不具有唯一性,例如,一个站点被其他三个站点链接,从运营角度来讲,其可以拥有两条,也可以拥有三条线路,因此,该方法还有待改进。

基于以上对已有研究的回顾并总结其不足,本书提出基于经过车站拓扑线路数目的节点度分布评价方法,通过改进线路计量方法和因变量因网络规模而异的问题,增加拟合回归样本,改进拟合方法,得到 UMNS 结构的节点线路度分布函数。

3.1.2 地铁网络标度特性评价方法

3.1.2.1 地铁网络结构拓扑线路定义

本书中的节点度定义为经过车站的拓扑线路数目,称为节点的线路度。拓扑线路是指网络中存在的有固定的、物理形态上的复线轨道(复线是指含有双向独立轨道的线路),不同于运营线路。运营线路依赖于拓扑线路,相同的拓扑线路可以有不同的运营方式,例如,在如图 3.1 所示的拓扑网络中(都为复线轨道),最多可以产生 6 条运营线路,分别是:运营线路 1-4,运营线路 4-2,运营线路 4-3,运营线路 1-2,运营线路 1-3,运营线路 2-3,6 条线路通过不同的组合可以产生多种运营方式。因此,拓扑线路具有唯一性,而运营线路不具有唯一性。

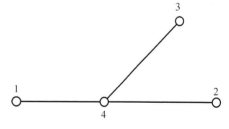

图 3.1 含有两条拓扑线路的网络

当运营线路的组合为运营线路 1-2,运营线路 1-3 时,在 1-4 段,两条运营线路共线,如果将节点经过的运营线路数目作为度量节点线路度量化指标,那么 1-4 段的 i 个节点的线路度都为 2;当运营线路的组合为运营线路 1-3,运营线路 2-3 时,由于 2-4 段两条运营线路共线,2-4 段的 j 个节点的线路度都为 2;当且仅当 $i=j$ 时,两种运营方式的节点线路度分布相同,反之,同样的网络会因为运营方式的不同而产生不同的线路度分布,不具有唯一性。

反之,当以"经过车站的拓扑线路数目"作为量化节点线路度的指标,在示例网络中,与运营线路相同,可以有 3 种不同的拓扑线路产生方式:①拓扑线路 1-2,拓扑线路 4-3;②拓扑线路 1-3,拓扑线路 4-2;③拓扑线路 2-3,拓扑线路 1-4。无论拓扑线路属于 3 种组合中的哪一种,都会得到相同的节点线路度分布,即节点 4 的线路度为 2,网络中其他节点的线路度都为1。这种方法不但解决了以"经过车站的运营线路数目"作为量化指标而导致节点线路度分布产生不唯一结果的问题,同时也解决了节点以"节点被连接次数"为量化指标而不能反映出真实地铁网络以线路为演化单位的问题。

3.1.2.2 标度评价指标

给定 UMNS 结构中含有拓扑线路 $l^1, l^2, \cdots, l^a$,节点 i 的线路度 l_i 定义为经过该节点的拓扑线路数目,令 $l^j = 1, j = 1 \sim n$,节点 i 的线路度表示为:

$$l_i = \sum_{j=1}^{a} l_i^j \tag{3-1}$$

UMNS 结构中节点的线路度分布情况可用分布函数 $P(l)$ 来描述,$P(l)$ 表示的是一个随机选定的节点恰好有 l 条拓扑线路经过的概率,v_{il} 表示如果节点 i 的线路度为 l,记为1,否则为0;V 表示地铁网络结构中节点数目,经过节点的线路数目的线路度分布函数表示为:

$$P(l) = \frac{\sum_{i=1}^{n} v_{il}}{V} \tag{3-2}$$

本书将被解释变量 $P(l)$ 作为函数的因变量,不做任何形式的变化,基于两个原因:第一,累计和对数化函数的解释变量和被解释变量,被大部分研究者使用到 UMNS 结构度分布研究中。虽然累计的方法能够在不减少样本数据点的前提下消除统计涨落,但是,原始的解释变量和被解释变量的函数形式与其累计分布一般都不相同[182],也就是说,无法通过累计的度分布函数得到地铁网络的演化机制。第二,双对数化的解释变量和被解释变量也是以线路为演化单位的城市公交网络度分布研究中常用到的方法[50,181,183],与累计会产生与被解释变量不同的分布函数不同的是,双对数化的解释变量和被解释变量得到的参数需要通过转化才能作为解释变量和被解释变量分布函数的回归参数,在这两个转化的过程中会导致残差的增加,从而影响拟合效果。

3.1.2.3 回归检验方法

最大似然估计(MLE)和普通最小二乘法(Ordinary Least Square,OLS)是最为常见的统计拟合准则。Goldstein 等认为 MLE 结合 Kolmogorov-Smirnov(KS)检验更加适用于幂律分布的参数估计[184]。然而,MLE 适用于大样本参数估计,在小样本中会低估残差值。由于本书所采集的 52 个地铁网络样本中,数据点最大为 6 个,因此 MLE 不适用于本书。而 OLS 无论样本大小都是去残差平方的最小值,所以本书选取 OLS 作为参数估计方法。

拟合效果通过非线性回归的相关指数 R^2 和残差平方和(Sum of Squares for Error,SSE)进行检验[182],当 R^2 接近于1,并且残差平方和 SSE 接近于0时,认为拟合效果很好。

3.1.3 实证统计分析及讨论

3.1.3.1 基础数据

用人工识别方法统计 UMNS 结构的拓扑线路数目;通过线路搜索算法计算线路度为 l 的节点数目。52 个地铁网络样本的度分布分析基础数据见表3.1。

3 城市地铁网络结构复杂性分析

表 3.1 52 个地铁网络样本的标度分布分析基础数据

编号	城市	拓扑线路数目	节点数目	经过 l 条线路的节点数目 1	2	3	4	5	6	节点的线路度分布 1	2	3	4	5	6
1	New York City	27	420	319	69	15	13	2	1	0.7595	0.1643	0.0357	0.0310	0.0048	0.0024
2	Tokyo	14	206	153	33	14	4	2		0.7427	0.1602	0.0680	0.0194	0.0097	0.0000
3	Hamburg	10	136	119	12	3	1	1		0.8750	0.0882	0.0221	0.0074	0.0074	0.0000
4	Paris	18	300	240	41	12	3	2		0.8000	0.1367	0.0400	0.0100	0.0067	0.0000
5	London	35	352	272	62	12	4	2		0.7727	0.1761	0.0341	0.0114	0.0057	0.0000
6	Moscow	11	143	118	15	8	2			0.8252	0.1049	0.0559	0.0140	0.0000	0.0000
7	Madrid	12	238	200	28	8	2			0.8403	0.1176	0.0336	0.0084	0.0000	0.0000
8	Mexico	11	147	123	21	2	1			0.8367	0.1429	0.0136	0.0068	0.0000	0.0000
9	Berlin	25	306	242	53	9	2			0.7908	0.1732	0.0294	0.0065	0.0000	0.0000
10	Shanghai	14	242	207	31	3	1			0.8554	0.1281	0.0124	0.0041	0.0000	0.0000
11	Caracas	5	46	35	8	3				0.7609	0.1739	0.0652	0.0000	0.0000	0.0000
12	Barcelona	10	132	109	18	5				0.8258	0.1364	0.0379	0.0000	0.0000	0.0000
13	Buenos	6	69	62	5	2				0.8986	0.0725	0.0290	0.0000	0.0000	0.0000
14	Chicago	10	140	114	22	4				0.8143	0.1571	0.0286	0.0000	0.0000	0.0000
15	Osaka	9	117	95	19	3				0.8120	0.1624	0.0256	0.0000	0.0000	0.0000
16	Sapporo	3	46	44	1	1				0.9565	0.0217	0.0217	0.0000	0.0000	0.0000
17	Taipei	13	96	83	11	2				0.8646	0.1146	0.0208	0.0000	0.0000	0.0000

(续表)

编号	城市	拓扑线路数目	节点数目	经过 l 条线路的节点数目						节点的线路度分布					
				1	2	3	4	5	6	1	2	3	4	5	6
18	Seoul	21	471	399	62	9				0.8471	0.1316	0.0191	0.0000	0.0000	0.0000
19	St. Petersburg	5	57	50	6	1				0.8772	0.1053	0.0175	0.0000	0.0000	0.0000
20	Brussels	4	59	54	4	1				0.9153	0.0678	0.0169	0.0000	0.0000	0.0000
21	Hong Kong	11	79	61	17	1				0.7722	0.2152	0.0127	0.0000	0.0000	0.0000
22	Sao Paulo	7	80	69	10	1				0.8625	0.1250	0.0125	0.0000	0.0000	0.0000
23	Washington	7	86	79	6	1				0.9186	0.0698	0.0116	0.0000	0.0000	0.0000
24	Vienna	5	90	80	9	1				0.8889	0.1000	0.0111	0.0000	0.0000	0.0000
25	Singapore	6	91	78	12	1				0.8571	0.1319	0.0110	0.0000	0.0000	0.0000
26	Oslo	9	94	86	7	1				0.9149	0.0745	0.0106	0.0000	0.0000	0.0000
27	München	8	96	86	9	1				0.8958	0.0938	0.0104	0.0000	0.0000	0.0000
28	Stockholm	8	98	91	8	1				0.9286	0.0816	0.0102	0.0000	0.0000	0.0000
29	Boston	8	120	111	8	1				0.9250	0.0667	0.0083	0.0000	0.0000	0.0000
30	Guangzhou	8	124	112	11	1				0.9032	0.0887	0.0081	0.0000	0.0000	0.0000
31	Beijing	14	189	166	22	1				0.8783	0.1164	0.0053	0.0000	0.0000	0.0000
32	Bucuresti	5	45	38	7					0.8444	0.1556	0.0000	0.0000	0.0000	0.0000
33	Nagoya	6	90	76	14					0.8444	0.1556	0.0000	0.0000	0.0000	0.0000
34	Lisbon	4	46	40	6					0.8696	0.1304	0.0000	0.0000	0.0000	0.0000

(续表)

编号	城市	拓扑线路数目	节点数目	经过 l 条线路的节点数目						节点的线路度分布					
				1	2	3	4	5	6	1	2	3	4	5	6
35	Kharkov	3	26	23	3					0.8846	0.1154	0.0000	0.0000	0.0000	0.0000
36	Shenzhen	5	118	105	13					0.8898	0.1102	0.0000	0.0000	0.0000	0.0000
37	Lyon	4	39	35	4					0.8974	0.1026	0.0000	0.0000	0.0000	0.0000
38	Amsterdam	3	33	30	3					0.9091	0.0909	0.0000	0.0000	0.0000	0.0000
39	Bangkok	3	45	41	4					0.9111	0.0889	0.0000	0.0000	0.0000	0.0000
40	Nurnberg	4	46	42	4					0.9130	0.0870	0.0000	0.0000	0.0000	0.0000
41	Vancouver	4	47	43	4					0.9149	0.0851	0.0000	0.0000	0.0000	0.0000
42	Santiago	5	100	92	8					0.9200	0.0800	0.0000	0.0000	0.0000	0.0000
43	Athens	3	50	46	4					0.9200	0.0800	0.0000	0.0000	0.0000	0.0000
44	Milano	6	90	83	7					0.9222	0.0778	0.0000	0.0000	0.0000	0.0000
45	Yokohama	3	45	42	3					0.9333	0.0667	0.0000	0.0000	0.0000	0.0000
46	Kyiv	3	47	44	3					0.9362	0.0638	0.0000	0.0000	0.0000	0.0000
47	Tehran	3	65	61	4					0.9385	0.0615	0.0000	0.0000	0.0000	0.0000
48	Bussan	4	101	95	6					0.9406	0.0594	0.0000	0.0000	0.0000	0.0000
49	Delhi	8	137	129	8					0.9416	0.0584	0.0000	0.0000	0.0000	0.0000
50	Praha	3	54	51	3					0.9444	0.0556	0.0000	0.0000	0.0000	0.0000
51	Nanjing	3	55	52	3					0.9455	0.0545	0.0000	0.0000	0.0000	0.0000
52	Cairo	3	56	53	3					0.9464	0.0536	0.0000	0.0000	0.0000	0.0000

3.1.3.2 节点度分布函数拟合

在 52 个地铁网络样本中,21 个含有 2 个数据点,21 个样本含有 3 个数据点,10 个样本含有大于 3 个数据点。由于度分布函数必然至少含有 1 个回归系数、1 个常量,因此要求样本至少含有 3 个数据点,因此剔除只含有 2 个数据点的 21 个样本。为了更加清晰直观地观察节点度和度分布的分布类型,将含有大于 3 个数据点的 10 个样本的节点的线路度分布折线绘制在图 3.2 中。

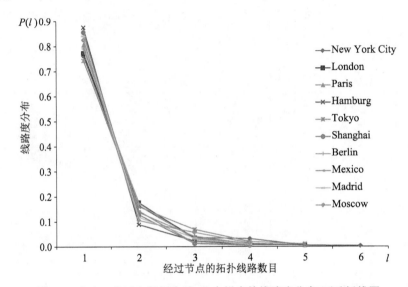

图 3.2 含有 3 个以上数据点的 10 个样本的线路度分布 $P(l)$ 折线图

由图 3.2 看出,节点被 1 条拓扑线路经过的概率在 0.742 7~0.946 4 之间,占了很大的比例,节点被 2 条拓扑线路经过的概率急速下降到 0.053 6~0.176 1,同时被 3 条及以上拓扑线路经过的概率就更加小。这种现象与幂律分布中"大多数节点只有比较少的连接,而少数节点有大量的连接"性质[104]一致,因此,初步估计其分布形式为幂律分布。

首先,选择一般形式的幂律函数 $f(x)=ax^b$ 作为拟合函数,分析以线路为演化单位的地铁网络结构线路度分布的与该分布函数的拟合效果。其次,基于此,扬州大学课题组[168]对好莱坞合作网络的分析,发现描述好莱坞演员合作网络的项目度分布和度分布能够更好地服从函数形式为 $P(x) \propto (x+a)^b$ 的分布,Chang 等将该分布函数称为"漂移幂律"(Shifted Power Law,简称 SPL)[185],因此本书将 SPL 也作为待回归检验分布。根据 SPL 的思想,其实质是通过横轴平移一般形式的幂律分布曲线而得到的,所以,本书考虑通过纵轴平移一般形式的幂律分布曲线是否能够得到更好的拟合,因此,将 $P(x)=a^x+c$(Longitudinal Shifted Power Law,简称 L-SPL)作为第 3 个待回归检验的幂律分布函数。

在置信度为 95% 的情况下,由表 3.2 的 Adjusted-R^2 和 SSE 两个指标可以看出,3 种分布函数的拟合效果都非常好。其中,10 个含有 3 个以上数据点的地铁网络样本的 L-SPL 分布函数,得到的 Adjusted-R^2 和 SSE 都要优于 SPL 分布函数和一般形式幂律函数,SPL 分布函数拟合结果优于一般形式幂律函数。以 New York City 为例,如图 3.3 所示,可以更加直观地看到以上两点分析结果。

3 城市地铁网络结构复杂性分析

表 3.2 幂律函数回归参数及检验结果

编号	城市	$f(x)=a \cdot x^b$				$f(x)=(x+a)^b$				$f(x)=a \cdot x^b+c$				
		a	b	调整 R^2	SSE	a	b	调整 R^2	SSE	a	b	c	调整 R^2	SSE
1	New York City	0.762 7	−2.365 0	0.997 3	0.000 9	0.113 9	−2.539 0	0.997 7	0.000 8	0.779 4	−2.161 0	−0.017 6	0.998 0	0.000 5
2	Tokyo	0.743 3	−2.258 0	0.998 9	0.000 3	0.129 0	−2.447 0	0.999 1	0.000 3	0.760 5	−2.071 0	−0.018 0	0.999 5	0.000 1
3	Hamburg	0.875 0	−3.315 0	1.000 0	0.000 0	0.040 0	−3.407 0	1.000 0	0.000 0	0.874 3	−3.331 0	0.000 7	1.000 0	0.000 0
4	Paris	0.805 9	−2.627 0	0.999 4	0.000 2	0.083 6	−2.773 0	0.999 5	0.000 2	0.818 9	−2.452 0	−0.013 4	0.999 8	0.000 0
5	London	0.774 8	−2.357 0	0.994 8	0.001 7	0.106 9	−2.519 0	0.995 4	0.001 5	0.812 1	−1.987 0	−0.038 7	0.997 3	0.000 6
6	Moscow	0.824 7	−2.851 0	0.998 4	0.000 5	0.066 7	−2.983 0	0.998 2	0.000 5	0.811 4	−3.087 0	0.013 6	0.997 6	0.000 4
7	Madrid	0.837 8	−2.875 0	0.999 8	0.000 1	0.059 8	−2.992 0	0.999 8	0.000 1	0.850 2	−2.732 0	−0.010 0	1.000 0	0.000 0
8	Mexico	0.856 1	−2.744 0	0.996 1	0.001 2	0.064 0	−2.861 0	0.996 3	0.001 2	0.876 6	−2.309 0	−0.039 6	0.997 4	0.000 4
9	Berlin	0.015 4	−2.410 0	0.993 5	0.001 8	0.095 3	−2.560 0	0.994 0	0.001 6	0.857 1	−1.875 0	−0.065 9	0.997 8	0.000 3
10	Shanghai	0.898 0	−2.908 0	0.997 5	0.000 8	0.053 0	−3.011 0	0.997 6	0.000 8	0.887 1	−2.512 0	−0.031 6	0.998 6	0.000 2
11	Caracas	0.761 2	−2.161 0	0.999 7	0.000 0	0.125 3	−2.312 0	0.999 6	0.000 1	0.782 7	−2.000 0	−0.021 8		
12	Barcelona	0.826 0	−2.642 0	0.999 6	0.000 1	0.071 4	−2.772 0	0.999 7	0.000 1	0.846 6	−2.429 0	−0.020 8		
13	Buenos	0.898 5	−3.552 0	0.999 4	0.000 1	0.029 9	−3.628 0	0.999 4	0.000 1	0.880 2	−4.025 0	0.018 4		
14	Chicago	0.928 5	−4.257 0	0.998 4	0.000 4	0.017 4	−4.309 0	0.998 4	0.000 4	0.908 7	−5.000 0	0.019 7		
15	Osaka	0.813 1	−2.476 0	0.994 1	0.001 0	0.082 5	−2.614 0	0.994 5	0.001 0	0.915 2	−1.785 0	−0.103 2		
16	Sapporo	0.956 5	−5.241 0	0.998 8	0.000 4	0.009 0	−4.999 0	0.998 7	0.000 4	0.935 1	−10.490 0	0.021 4		
17	Taipei	0.864 9	−2.987 0	0.999 2	0.000 2	0.048 2	−3.087 0	0.999 3	0.000 2	0.892 5	−2.647 0	−0.027 9		

(续表)

编号	城市	$f(x)=a \cdot x^b$				$f(x)=(x+a)^b$				$f(x)=a \cdot x^b+c$			
		a	b	调整 R^2	SSE	a	b	调整 R^2	SSE	a	b	c	SSE
18	Seoul	0.849 4	−2.803 0	0.997 5	0.000 5	0.058 4	−2.915 0	0.997 7	0.000 5	0.904 5	−2.270 0	−0.055 6	
19	St. Petersburg	0.877 4	−3.126 0	0.999 4	0.000 1	0.041 5	−3.216 0	0.999 4	0.000 1	0.901 3	−2.801 0	−0.024 1	
20	Brussels	0.915 3	−3.741 0	1.000 0	0.000 0	0.023 6	−3.804 0	1.000 0	0.000 0	0.912 1	−3.819 0	0.003 2	
21	Hong Kong	0.775 6	−2.148 0	0.965 8	0.005 3	0.116 6	−2.312 0	0.967 5	0.005 0	1.253 0	−0.848 6	−0.480 4	
22	Sao Paulo	0.863 0	−2.919 0	0.997 1	0.000 6	0.050 1	−3.019 0	0.997 2	0.000 6	0.922 0	−2.321 0	−0.059 5	
23	Washington	0.091 9	−3.760 0	1.000 0	0.000 0	0.022 6	−3.802 0	1.000 0	0.000 0	0.092 4	−3.636 0	−0.005 4	
24	Vienna	0.889 1	−3.242 0	0.999 0	0.000 2	0.036 0	−3.323 0	0.999 0	0.000 2	0.919 5	0.919 5	−0.030 6	
25	Singapore	0.857 8	−2.853 0	0.995 9	0.000 9	0.053 3	−2.956 0	0.996 0	0.000 8	0.931 6	−2.174 0	−0.074 5	
26	Oslo	0.915 0	−3.660 0	0.999 8	0.000 0	0.024 2	−3.722 0	0.999 9	0.000 0	0.925 3	−3.446 0	−3.446 0	
27	München	0.896 0	−3.337 0	0.999 2	0.000 2	0.032 7	−3.413 0	0.999 3	0.000 2	0.921 6	−2.945 0	−0.025 8	
28	Stockholm	0.910 1	−3.564 0	0.999 7	0.000 1	0.020 7	−3.616 0	0.999 7	0.000 1	0.925 2	−3.281 0	−3.281 0	
29	Boston	0.925 0	−3.834 0	0.999 9	0.000 0	0.020 2	−3.888 0	0.999 9	0.000 0	0.934 2	−3.621 0	−0.009 2	
30	Guangzhou	0.903 4	−3.432 0	0.999 2	0.000 2	0.029 5	−3.503 0	0.999 3	0.000 2	0.928 5	−3.025 0	−3.025 0	
31	Beijing	0.878 8	−3.065 0	0.996 7	0.000 8	0.041 9	−3.154 0	0.996 8	0.000 7	0.940 7	−2.395 0	−0.062 4	
32	Bucuresti	0.844 4	−2.440 0			0.068 3	−2.560 0						
33	Nagoya	0.844 4	−2.440 0			0.068 3	−2.560 0						
34	Lisbon	0.869 6	−2.737 0			0.050 5	−2.837 0						

(续表)

编号	城市	$f(x)=a \cdot x^b$				$f(x)=(x+a)^b$				$f(x)=a \cdot x^b+c$				
		a	b	调整 R^2	SSE	a	b	调整 R^2	SSE	a	b	c	调整 R^2	SSE
35	Kharkiv	0.884 6	−2.938 0			0.041 4	−3.026 0							
36	Shenzhen	0.889 8	−3.013 0			0.038 4	−3.097 0							
37	Lyon	0.897 4	−3.129 0			0.034 3	−3.206 0							
38	Amsterdam	0.909 1	−3.322 0			0.028 5	−3.390 0							
39	Bangkok	0.911 1	−3.357 0			0.027 6	−3.424 0							
40	Nurnberg	0.913 0	−3.392 0			0.026 7	−3.457 0							
41	Vancouver	0.914 9	−3.426 0			0.025 8	−3.490 0							
42	Santiago	0.920 0	−3.524 0			0.023 5	−3.583 0							
43	Athens	0.920 0	−3.524 0			0.023 5	−3.583 0							
44	Milano	0.922 2	−3.567 0			0.022 6	−3.625 0							
45	Yokohama	0.933 3	−3.807 0			0.018 1	−3.856 0							
46	Kyiv	0.936 2	−3.875 0			0.017 0	−3.923 0							
47	Tehran	0.938 5	−3.932 0			0.016 1	−3.977 0							
48	Bussan	0.940 6	−3.985 0			0.015 3	−4.029 0							
49	Delhi	0.941 6	−4.011 0			0.015 0	−4.054 0							
50	Praha	0.944 4	−4.086 0			0.014 0	−4.127 0							
51	Nanjing	0.945 5	−4.117 0			0.013 6	−4.157 0							
52	Cairo	0.946 4	−4.142 0			0.013 3	−4.182 0							

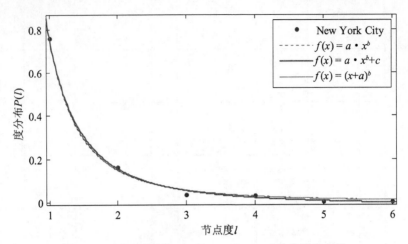

图 3.3　三种分布函数对 New York City 度分布拟合曲线

为了进一步证明 L-SPL 分布函数能够更好地描述节点度分布,本书对三种分布函数的预测值与真实值进行分析,比较残差大小。以 New York City 为例,取该样本中的前 5 个数据点,通过对三种分布函数拟合,得到各种回归参数估计,通过得到的回归参数,预测第 6 个数据点,对比与真实值比较的残差见图 3.4。

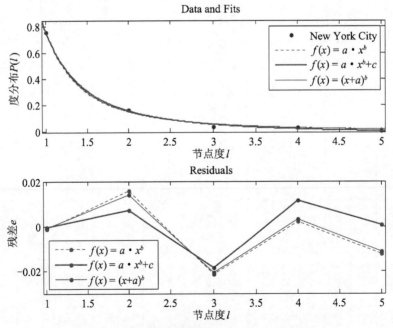

图 3.4　三种幂律函数拟合 New York City 残差图

由图 3.4 可以看出,L-SPL 分布函数的残差相比 SPL 和一般幂律分布函数更加接近于 0,如果单纯地从残差角度判断拟合效果,则可以认为 L-SPL 分布能够更好地解释数据。但是,从预测值来看,L-SPL 由前 5 个数据点预测的节点的线路度为 6 的概率值为

−0.003 97<0(见图3.5),而度分布为频次的百分比值,不可能出现负值,进一步分析其解析式,含有参数c,是一个加性误差项,由表3.2可以看到,参数c在31个样本中只有5个为正值,其余都为负值,所以会导致度分布随着节点度的增加而出现负值。因此,L-SPL分布不适用于地铁网络度分布拟合。

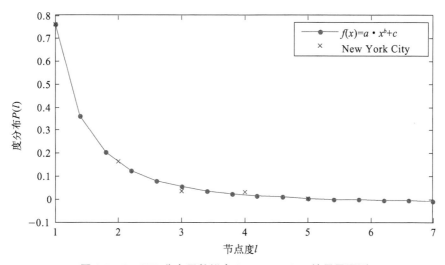

图3.5　L-SPL分布函数拟合New York City结果及预测

SPL分布和一般形式幂律分布对节点度为6的度分布预测值都为正值,且当节点度增大时,两个分布函数的预测值都无限接近于0,且SPL分布的收敛速度要大于一般形式幂律分布(如图3.6、图3.7所示)。在实际中,考虑到车站的承载能力以及车站不能正常运转而产生影响的严重程度,规划人员会避免非常多线路同时经过同一个地铁车站,所以,地铁网络中不可能出现拥有几十条线路的站点,因此,当节点度趋向于100时,收敛速度快的分布函数更适合于UMNS节点线路度分布。

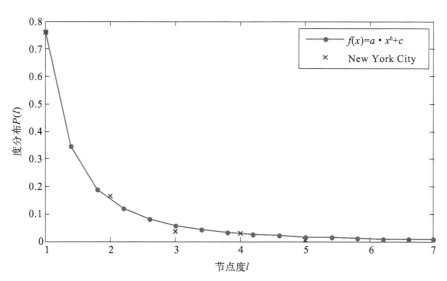

图3.6　一般幂律函数拟合New York City结果及预测

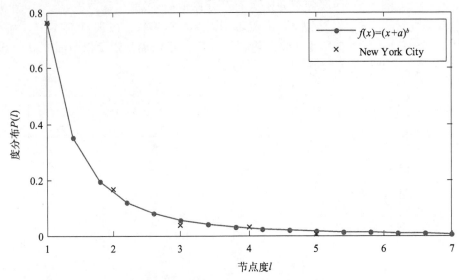

图 3.7 SPL 分布函数拟合 New York City 结果及预测

此外，通过 Adjusted-R^2 和 SSE 比较，SPL 分布要优于一般形式幂律分布。从以上分析可以看出，SPL 分布形式更加符合地铁网络度分布，即地铁网络度分布为漂移幂律分布，由于漂移程度参数 a 的值非常小，故不影响其幂律分布的实质。

3.1.3.3 结果分析及讨论

在 31 个含有 3 个以上数据点的地铁网络样本中，香港地铁网络样本 SPL 分布的相关指数 $R^2=0.9675$，在 31 个样本中拟合程度最低；同时，SSE=0.005，相比其他 30 个样本，大了 1 个数量级，因此认为，香港地铁网络线路度分布拟合效果最差。究其原因，在香港地铁网络中存在大量分支型线路，虽然与径向线路使用相同的车站换乘，但不共线，导致平行段的车站都有两条线路经过，从而使节点度为 1 的车站数目到节点度为 2 的节点数目平缓下降，因而产生"肥尾"特征。标度系数 $b=-2.312$，分支型线路的增长速度远小于复线车站增长速度，导致节点度为 3 的节点数目稀少而无法落到"肥尾"曲线上。除香港地铁外，其他 30 个城市地铁网络的相关指数都大于 0.99，拟合效果良好。从实证拟合结果可以得到以下结论：

(1) 52 个地铁网络样本的标度系数 $\varepsilon(\varepsilon=-b)$ 没有落到传统的无标度网络 $2<\varepsilon<3$ 之间，而在 $2<\varepsilon<5$ 之间，且在含有 2 个数据点的 21 个样本中，ε 随着 $P(1)/P(2)$ 比值的增大而增大，ε 越接近 5，换乘车站在网络中占的比例越少，吸引力强的点越少，网络的异质程度越低；ε 越接近 2，换乘车站在网络中占的比例越多，吸引力强的点越多，网络的异质程度越高。标度系数最大的 Sapporo 地铁网络，共有 2 个换乘车站，一个位于城市中心，有 3 条径向线路同时经过，另一个站点有 2 条径向线路同时经过，为典型的星型网络结构。因此，同等规模的网络中，星型结构类型的标度系数最大，异质程度最低。

(2) 网络规模最大（车站数目大于 200 的地铁网络）的 8 个城市，除上海地铁网络之外，其余标度系数都小于 3，说明地铁网络随着发展阶段的升高，标度系数会像大多数其他大规模网络一样，落到[2,3]之间。

(3) 在节点数目大于300的5个大规模网络中标度系数在[2,3]之间,说明在大规模网络中,存在吸引力很强的节点,比如在 New York City 地铁网络中,有 $l=6$ 的节点,即有6条线路同时经过该节点,换乘站点在网络中所占比例较高,度分布曲线呈"肥尾"特征。

3.1.4 本节小结

本节提出的基于经过站点的拓扑线路数目的 UMNS 线路度分布评价方法,能够反映 UMNS 的内在演化机制,突出以线路为演化单位的公共交通网络与以节点为演化单位的社会网络、航空网络、WWW 网络等的区别,且拓扑线路数目的量化标准相比运营线路,结果具有唯一性;通过对三种分布函数的拟合,证明 SPL 分布对 UMNS 线路度分布拟合效果最好。SPL 实质上是一种介于指数分布和幂律分布的分布类型,当常数项 $a=0$ 时,SPL 分布为幂律;当 $a \to \infty$ 时,SPL 分布趋于指数函数;由于拟合结果中52个地铁网络样本 $0<a<1$,所以真实地铁网络演化时,新增线路加入网络时,择优选择节点线路度大的旧站点加载到网络;线路的站点在指定方向上随机游走与线路的偏好择优混合演化机制,是出现 a 在 $(0, \infty)$ 之间的内在机理,因而有地铁网络线路度分布服从介于幂律和指数分布的漂移幂律函数的现象。

3.2 地铁网络结构小世界特性评价

小世界网络特性评价的目的在于研究复杂网络中不直接相连的节点之间是否能够通过较少的节点建立联系,用特征路径长度和聚类系数两个指标来衡量。虽然学者考虑到了以线路为演化单位的地铁网络不同于以节点为演化单位的社会网络,但只是对平均路径长度的算法做了改进。在以线路为演化单位的 UMNS 中,从换乘角度来看,一条线路上的车站都是邻居节点,而已有研究忽略或放大了这一特征。基于此,本书提出一种新的基于信息传递效率的 UMNS 聚类系数算法,并用新指标对52个城市地铁网络的小世界特性进行了评价,结果显示,虽然新算法得到的聚类系数明显小于 P 空间(一个项目内的所有成员之间都有直接相连的关系)建模得到的聚类系数,但仍然显著大于同等规模随机网络的聚类系数,因此认为,UMNS 结构具有小世界网络特性。

3.2.1 已有文献回顾

小世界网络最早由 Duncan Watts 和 Steven Strogatz 在1998年提出,他们将高聚类系数和低平均路径长度作为特征指标,提出了一种新的网络模型,一般称作 WS 模型,也是最典型的小世界网络模型。小世界网络的实质是一种看似不相连的绝大部分节点之间,实际上经过少数几步就可以到达。虽然随机网络的平均路径长度很小,但与同等规模的小世界网络相比,聚类系数却非常小[12]。

平均路径长度用来描述两点之间的分离程度,通常用两点之间的连接数目衡量;聚类系数用来描述点的平均连接紧密程度[45],也可以说是该节点与任意两个邻居节点组成封闭三元组的程度。在社会学中,聚类系数的这种描述又可以认为是描述围绕在指定节点周围的节点之间的信息传递通达性,通常用邻居节点之间实际存在的连接数目与最大可能存在的连接数目的比值作为量化指标,只计入直接相连的邻居节点,而不考虑间接相连的邻居节点。

在社会网络中,信息在传递过程中只要经过一个节点,就要发生信息转述,比如在朋友网络中,假设一个人并不认识他朋友的朋友,那么信息要从这个人传递给他朋友的朋友,就必须经过他们共同的朋友进行一次转述。但是,在公交网络和有轨公共交通网络中的增长是以线路为单位,线路上包含平庸车站(非换乘车站)和换乘车站。从信息传递的角度来看,信息在一条线路上的任意两个车站之间传递,虽然要经过该车站之间的中间车站,但却不需要换乘。因此,公交网络和有轨公共交通网络的小世界特性研究不能简单地套用社会网络中的传统的小世界网络评价方法。

已有学者认识到上述问题的存在,因此,在研究地铁网络、铁路网络和公交网络时,采用 P 空间建模[168],并用换乘次数作为节点间路径长度的评价指标,相比 L 空间建模[168],更加适用于这类以线路为演化单位的公共交通网络。P 空间建模,有效地解决了换乘次数作为这类公共交通网络平均路径长度的衡量指标的评价模型问题,但是,在衡量聚类系数时仍然存在缺陷。针对这种现象,本书提出一种能够考虑同一线路上任意两节点不需要换乘就能够到达,且考虑节点与节点之间直接相连和间接相连的效率差异的聚类系数计算方法,并在此基础上,对 52 个地铁网络样本的小世界特性进行了评价。

3.2.1.1 传统聚类系数计算方法

在社会学中,聚类系数用以描述网络中节点的邻居节点之间也互为邻居节点的比例,也就是小集团结构的紧密程度。一个节点的聚类系数可以定义为[168]:

$$C_i = \frac{3N_\triangle(i)}{N_3(i)} \tag{3-3}$$

其中 $N_\triangle(i) = \sum\limits_{k>j} a_{ij} a_{ik} a_{kj}$,表示网络中包含 V_i 的封闭三元组的总数,$N_3(i) = \sum\limits_{k>j} a_{ik} a_{ij}$,表示理论上网络中包含 V_i 的封闭三元组的总数。一个节点的聚类系数也可以记为:

$$C_i = \frac{2e_i}{k_i(k_i-1)} \tag{3-4}$$

其中 e_i 表示 V_i 的邻居节点之间的连边数,k_i 表示 V_i 的度,定义为 V_i 的邻边数。

3.2.1.2 传统聚类系数算法在公共交通网络中的应用

Latora 和 Marchiori 为最先研究 UMNS 的小世界特性的学者。由于 L 空间建模下,地铁网络中的度为 1 的节点只有一个邻居节点[见图 3.8(b),V_1、V_4、V_5、V_6],分母 $k_i(k_i-1)=0$,使得 C_i 没有意义,因此,认为传统的、基于 L 空间建模的聚类系数算法不适用于地铁网络[45]。

为了解决始末节点的聚类系数在 L 空间建模方法下无意义的问题,众多学者采用了 P 空间建模的方法计算聚类系数,如图 3.8(c),主要文献、应用及其分析结果见表 3.3。

P 空间建模的聚类系数算法假设:将不需要换乘就可以到达的两个站点都视为邻居节点,且认为需要经过中间节点和不需要经过中间节点的两个节点亲疏远近关系相同。例如,在图 3.8(b)中,V_1 和 V_4 的测地线距离 $a_{14}=3$,换乘次数 $T_{14}=1$,V_3 和 V_4 的测地线距离 $a_{34}=1$,换乘次数 $T_{34}=1$,而在图 3.8(c)中,$a_{14}=a_{34}=1$。由此可以看出,P 空间建模的方法只考虑了换乘对节点亲疏远近的影响,而忽略了中间节点(如 V_1、V_4 之间的中间节点 V_2 和 V_3)对亲疏远近关系的影响。

3 城市地铁网络结构复杂性分析

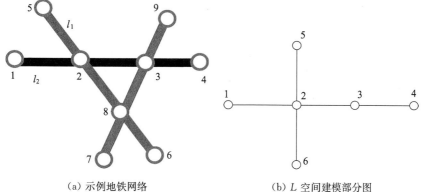

(a) 示例地铁网络　　　　(b) L 空间建模部分图

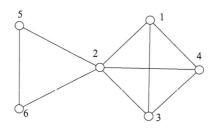

(c) P 空间建模部分图

图 3.8　示例地铁网络及其不同分析模型

表 3.3　以线路为演化单位的公共交通网络中的聚类系数算法

文献	应用	聚类系数	
		P 空间	L 空间
Ding Y, Ding Z[10]	4 subways in China	0.94～0.96	
Han C, Liu L[11]	10 subways in China		<0.01
Li W, Cai X[49]	China railway	0.835	
Sen P, Dasgupta S, Chatterjee A, et al[48]	Indian railway	0.69	
Seaton K A, Hackett L M[12]	Boston Vienna subway	>0.9	
Majima T, Katuhara M, Takadama K[186]	Japan railway and subway	0.89～0.92	
马嘉琪,白雁,韩宝明[13]	Beijing subway	0.937	
汪涛,方志耕,吴卉,等[14]	3 subways in China	>0.92	
王志强,徐瑞华[6]	Shanghai subway		0.01
王燚,杨超[15]	Shanghai subway	0.91	0.64

从聚类系数的本质意义来看,在社会网络中,不需要经过第三个人(中间节点)的两个人(两个节点),才称为邻居节点,因此在公式 $N_\Delta(i)=\sum_{k>j}a_{ij}a_{ik}a_{kj}$ 中,$a_{ij}=a_{ik}=a_{kj}=1$,表示在包含 V_i 的封闭三元组中,任意两个节点之间都直接相连,而不需要经过中间节点。在示

例地铁网络中[图3.8(a)],虽然V_1、V_4之间不需要换乘即可到达,但必须经过V_2和V_3,当这两个中间节点出现故障时,V_1、V_4的"邻居"关系必然受到影响。然而,聚类系数在P空间下的算法却忽略了中间节点的存在,因此认为是不恰当的。正确的算法应该能够在考虑同一线路上的节点为邻居节点的同时,将这种直接相连的邻居节点与经过中间节点连接的邻居节点做差异化处理。基于此,本书提出基于信息传递效率的聚类系数新算法。

3.2.2 基于信息传递效率的聚类系数新算法

定义1 地铁网中邻居节点:所有与指定V_i不需要经过换乘就可以到达的节点称为V_i的邻居节点。V_i有l_1,l_2,l_n经过,每条线路含有的节点数目为V_{l_1},V_{l_2},$\cdots$,V_{l_n},$V_{\text{neighbor}}(i)=\{V_{l_1},V_{l_2},\cdots,V_{l_n}\}$。以示例地铁网络为例,$V_5$只有$l_1$经过,所以$V_5$的邻居节点为$\{V_2,V_6,V_8\}$;节点2有$l_1$,$l_2$经过,所以$V_{\text{neighbor}}(2)=\{V_1,V_3,V_4,V_5,V_6,V_8\}$。

定义2 紧密程度:封闭三元组三条边的平均测地线长度的倒数定义为地铁网络中包含V_i的封闭三元组的紧密程度。测地线长度表示两个节点之间的距离,距离越长,节点越疏远,距离越短,节点越紧密。因此,用测地线长度的倒数——效率[45],作为节点亲疏程度的量化指标,能够解决直接相连和经过中间节点相连的邻居节点之间存在差异的问题,反映出中间节点对信息传递的阻碍作用,即每个包含V_i的封闭三元组的紧密程度为:

$$E_\Delta(i)=\frac{1}{3}\left(\frac{1}{a_{ij}}+\frac{1}{a_{ik}}+\frac{1}{a_{kj}}\right) \tag{3-5}$$

当包含V_i的封闭三元组的任意两个节点都直接相连时,即$a_{ij}=a_{ik}=a_{kj}=1$,封闭三元组的紧密程度达到最大值$E_\Delta(i)_{\max}=(1+1+1)/3=1$。

在示例地铁网络中[见图3.8(a)],以V_2为例,其邻居节点$V_{\text{neighbor}}(2)=\{V_5,V_8,V_6,V_1,V_3,V_4\}$,其中,$V_5$,$V_8$,$V_6 \in l_1$,$V_1$,$V_3$,$V_4 \in l_2$;由于同一条线路上的任意两个节点都由该线路相连,所以可以与V_2组成封闭三元组,如$\triangle 256$,$\triangle 258$,$\triangle 286$(见图3.9),实线表示实际中存在的轨道线路,虚线表示该节点对并不是如图所示的直接相连,而是由该虚线所围成的闭合区域内的实线顺序连接,如$V_5V_6:V_5 \to V_2 \to V_8 \to V_6$;图3.9中椭

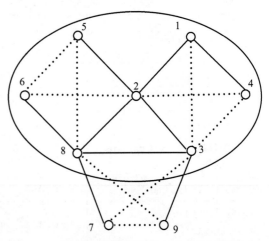

图3.9 新聚类系数算法下的示例地铁网络模型

圆实线围成的区域内的节点为V_2的所有邻居节点,网络中包含V_2的所有封闭三元组为集合$\{\triangle 256,\triangle 285,\triangle 286,\triangle 213,\triangle 214,\triangle 234,\triangle 238\}$,$\triangle 256$的效率、网络中包含$V_2$的所有封闭三元组的效率、$V_2$与其邻居节点$V_{\text{neighbor}}(2)$组成封闭三元组的理论最大值计算如下:

$$E_{\triangle 256}(2)=\frac{1}{3}\left(\frac{1}{a_{25}}+\frac{1}{a_{56}}+\frac{1}{a_{62}}\right)=\frac{1}{3}\left(\frac{1}{1}+\frac{1}{3}+\frac{1}{2}\right) \tag{3-6}$$

$$E_\Delta(2)=\sum_{k>j}\frac{1}{3}\left(\frac{1}{a_{ij}}+\frac{1}{a_{ik}}+\frac{1}{a_{kj}}\right) \quad a_{kj}>0,\text{且} V_k,V_j \in V_{\text{neighbor}}(2) \tag{3-7}$$

$$E_\Delta(2)_{max} = \frac{V_{neighbor}(2)(V_{neighbor}(2)-1)}{2} = \frac{6(6-1)}{2} \quad (3-8)$$

定义 3　聚类系数：网络中节点的邻居节点之间互为直接相邻的比例，也就是小集团的紧密程度定义为基于信息传递效率的聚类系数。V_i 和网络的聚类系数记为：

$$C_i = \frac{E_\Delta(i)}{E_{neighbor}(i)_{max}} = \frac{2\sum_{k>j}\left(\frac{1}{a_{ij}} + \frac{1}{a_{ik}} + \frac{1}{a_{kj}}\right)}{3V_{neighbor}(i)(V_{neighbor}-1)} \quad (3-9)$$

$$C = \frac{1}{N}\sum_i C_i \quad (3-10)$$

由图 3.9 可以直观看出，网络中包含 V_2 的封闭三元组有两类：同一条线路上的两个节点与该节点组成的封闭三元组与非同一条线路上的两个邻居节点与该节点组成的封闭三元组；由虚线、实线组成的封闭三元组，三点必然在同一条线路上，由实线组成的封闭三元组，有两点必然不在同一条线路上。在计算时，所有虚线须由其对应的所有实线代替，因此，解析公式 (3-9)：

$$C_i = \frac{\frac{2}{3}\sum_{k>j,\,k\in l_i,\,j\notin l_i}\left(\frac{1}{a_{ij}} + \frac{1}{a_{ik}} + \frac{1}{a_{kj}}\right) + \sum_{l_i}\left((V_{l_i}-3)\sum_{j\in V_{neighbor}(i)}\frac{1}{a_{ij}} + \frac{1}{2}\sum_{i,j\in vl_i}\frac{1}{a_{ij}}\right)}{V_{neighbor}(i)(V_{neighbor}-1)} \quad (3-11)$$

由公式 (3-11) 可以看出，C_i 与 $V_{neighbor}(i)$ 成反比关系，$V_{neighbor}(i)$ 取决于经过 V_i 的线路数目 l_i，而在本书的前面部分定义节点经过的线路数目为节点度，因此，C_i 与节点度成反比；同时，C_i 与 a_{ij} 成反比，由于 a_{ij} 的大小取决于 V_i 的位置，V_i 越靠近线路的中心位置，a_{ij} 越小，则 C_i 越大。

3.2.3　地铁网络小世界网络特性评价方法

在 UMNS 中，换乘次数是乘客选择出行路径的主要考虑因素。如果将乘客看作是拓扑线路结构上的信息，从社会网络平均路径算法的初衷看，地铁网络中的平均路径长度指标需要反映乘客的下车与上车次数，由此，本书与已有的大部分研究一样，将换乘次数 δ 作为评价平均路径长度的指标，采用基于 Java 语言构建地铁网络动态仿真平台（urban-metro-cas），对 OD 多路径搜索，得到任意 OD 对之间所有路径的换乘次数。

UMNS 若要具有小世界网络特性，需满足：在节点数 N 很大时，平均路径长度近似于 $\delta \propto \log(N)$，δ 为平均最小换乘次数；聚类系数 C 大约和同等规模（相同节点数目和平均度分布）的规则网络在同一数量级，且远大于随机网络的聚类系数 C_{random}[104]。随机网络聚类系数随着网络节点数目增加而减小，并且 C_{random} 计算方法[187]如下：

$$C_{random} = \frac{2E}{N(N-1)} \quad (3-12)$$

其中，E 表示随机网络中边的数目，N 表示随机网络中节点数目。

3.2.4 实证分析

以52个城市的地铁网络为样本,在采用Java语言编写的urban-metro-cas城市地铁复杂网络自适应分析系统中,建立网络模型,并做相关计算。根据公式(3-12)计算得到相同规模的随机网络聚类系数,由公式(3-10)计算得到52个城市的地铁网络聚类系数,平均换乘次数δ,计算结果如图3.10和图3.11所示。

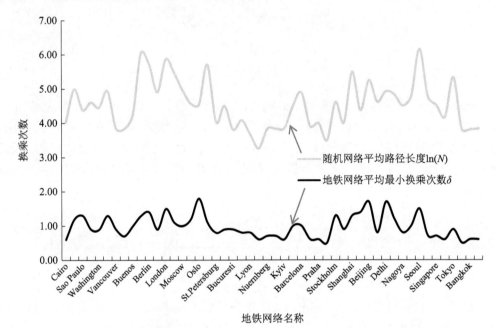

图3.10 52个地铁网络平均换乘次数与相同规模随机网络平均路径长度比较

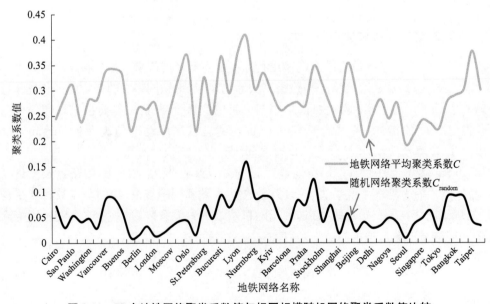

图3.11 52个地铁网络聚类系数值与相同规模随机网络聚类系数值比较

由图 3.10 和图 3.11 可以看出，52 个 UMNS 都满足小世界网络特性的两个充分必要条件。52 个 UMNS 的平均路径长度 δ 小于节点数目对数值 $\ln(N)$（见图 3.10），如果将 OD 对之间所经过的连接数目作为评价网络平均路径长度指标，则会得到相反的结论；UMNS 的实际聚类系数 C 也远大于有相同节点数目 N 的随机网络聚类系数 C_{random}（见图 3.11），然而 P 空间下的聚类系数值接近于 1。究其原因，P 空间下的聚类系数基于：任意两个节点如果能够不需要换乘到达，则认为直接相连，信息传递效率为 1，忽略了中间节点对信息传递的阻碍作用。而本书的计算方法考虑了含有中间节点和不含有中间节点的信息传递效率的不同，认为中间节点对信息的传递有阻碍作用，因此两个节点之间信息传递效率与含有的中间节点数目成反比，故计算得到的聚类系数值相比传统的计算方法得到的数值要小，但仍然远大于随机网络聚类系数值，因此，地铁网络具有小世界特性。

3.2.5 本节小结

本节研究了 UMNS 小世界特性评价方法，结合地铁网络的特有属性，给出基于平均最小换乘次数的平均路径长度度量方法，以及基于信息传递效率的聚类系数度量新方法。虽然已有的关于地铁网络聚类系数的研究中，将同一条线路上的节点都视为邻居节点，但忽略了中间节点对信息传递效率的阻碍作用。本书首次考虑中间节点对信息传递效率的影响，提出适用于以线路为演化单位的公共交通网络的基于信息传递效率的聚类系数计算方法。最后通过对 52 个 UMNS 的拓扑线路网络做实证分析，得到平均换乘次数（平均路径长度）小于网络节点数目的对数值，聚类系数取值在 0.194 5～0.407 3 之间，小于传统的 P 空间下得到的地铁网络聚类系数值，但远大于同等规模随机网络聚类系数取值，满足判定网络是否具有小世界特性的两个条件，因此 UMNS 具有小世界特性。

3.3 本章小结

本章提出以线路为演化单位的公共交通网络，如地铁网络、铁路网络，不同于以节点为演化单位的社会网络、航空网络、公路网络、万维网等，因此，基于复杂网络的网络特性评价方法的应用也不同。基于此，本书提出了以线路为演化单位的 UMNS 的节点的线路度度量方法，得到 52 个 UMNS 的线路度分布服从漂移幂律分布，幂指数取值在 2～5 之间，且网络结构类型越接近放射型网络，其标度值越大，网络结构类型越接近网格状网络，其标度值越小。将同一条线路上的所有节点视为邻居节点，考虑同一条线路上中间节点对信息传递效率的阻碍作用，本书提出了基于信息传递效率的公共交通网络（地铁网络）聚类系数计算新方法，实证分析得到 52 个 UMNS 平均路径长度和聚类系数都满足小世界网络的充分条件，且平均换乘次数随着网络节点数目的增加而减小，而聚类系数随着网络节点数目的增加而下降。

4 基于节点复制模型择优和站点随机游走的地铁网络结构演化模型

本章主要研究 UMNS 的演化机制,对演化模型的构造算法和演化生成过程进行探究,对构建的模型进行数值仿真,并检验在该演化机制基础上生成的理论地铁网络模型,是否与真实地铁网络的复杂网络特性一致;在检验一致的基础上,生成不同类型的网络结构,为进一步研究网络结构类型对脆弱性的影响打下基础。虽然地铁网络与公交网络演化的两个关键要素相同,但由于地理条件、空间限制以及建设成本限制,地铁网络的规模无法达到公交网络的规模。因此,不能简单地将公交网络的研究成果直接应用到地铁网络中。由于对 UMNS 的演化规律认识还处于萌芽阶段,研究成果极少,研究深度不足,所以本章的研究具有重要的学术价值和实践意义。

4.1 公共交通网络演化机制回顾

无标度网络的演化需要解决两个关键问题:一个是增长,即新元素加入网络中;第二个是连接方式,即新元素按照什么规则接入到网络中与旧节点建立连接。Albert-László Barabási 和 Réka Albert(BA)提出了典型的无标度网络演化模型,认为遵循幂次定律的无标度网络存在集聚节点而不同于随机网络主要取决于以下两个关键问题的不同:第一,增长性(Growth),现实网络是由持续不断地向网络中加入新的节点演化而成,而 Erdos 和 Renyi 在建立随机网络模型时,假设在安置连接之前能够得到所有节点的清单,节点数在网络的整个形成过程中固定不变;第二,择优连接性(Preferential Attachment),随机模型假设在增添新边时的概率是均匀的,然而许多系统并非如此,例如 www 网中并非所有节点都是平等的,Yahoo、Baidu、Google 等这类拥有较多连接的网站,只要连接到这些站点,就等于造就或加强了对它们的偏好[188]。同样,这种择优连接过程还发生在诸多社会协作网络中,如好莱坞电影合作网、人际关系网、航空网络,在这些网络中都存在着富裕节点(有很多邻居节点的节点)与平庸节点连接。

无论随机网络一次性将所有节点都加入网络中,还是无标度网络的每个时间步加入一个新节点到网络中,二者都有一个共同特点,即增长的单位都是节点。通过第 3 章对地铁网络规划及拓扑特性的分析,得到地铁网络不同于以往的以节点为增长单位的网络,而是以线路为增长单位,少数学者也认识到了这一点[8,47]。因此,对地铁网络这类以线路为增长单位的公共交通网络演化机制的研究,不应该继续停留在以节点为增长单位阶段,而应该提出新的演化机制及规则。

4.1.1 地铁网络演化机制

虽然 Derrible 和 Kennedy 已经认识到地铁网络与其他复杂网络明显不同,由于其是通过增加一条新的线路而演化[8,47],但是 Derrible 和 Kennedy 只研究了 33 个地铁网络的标度特征,得到以"经过节点的线路数目"为评价标准的地铁网络度分布服从幂律分布,没有做进一步的演化机制研究。

Angeloudis 和 Fisk 基于 L 空间建模,研究了 20 个城市地铁网络的拓扑结构特性,尽管他们认识到了地铁网络不同于其他复杂网络以节点为演化单位,但在运用数学归纳法推导地铁网络度分布和实证分析 20 个城市地铁网络时,依然采用传统的以节点为演化单位的 BA 度分布评价方法,以"节点被连接次数"作为评价指标,得到 20 个城市地铁网络度分布近似于指数分布且站点规模接近的地铁网络的度分布曲线相似(见图 4.1)[47]。

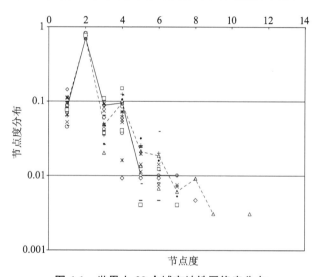

图 4.1 世界上 20 个城市地铁网络度分布

Angeloudis 和 Fisk 提出的一般演化模型的构造算法及演化过程如下:假设初始网络中有 N 个非首末站点和 L 条线路,每条线路有 m 个站点,且各条线路相交于同一个站点,网络中不含有环线、分支线路及共线区间。假设线路由交点向首末站点无限延伸,故网络中不含有首末站点,因此,初始网络中所有节点的度均为偶数。

初始网络中,记 $P_L(k)$ 为节点的度分布。新增一条有 m 个站点的线路,包含 αm 个新站点和 $(1-\alpha)m$ 个旧站点。定义 $\varphi_L(k)$ 为新增线路中经过度为 k 的旧站点数目占所有度为 k 的旧站点总数的比例,假设新增线路中 $(1-\alpha)m$ 个旧站点被选取的概率是相等的,则 $\varphi_L(k)$ 不依赖于 k,能够解析得到站点的度分布呈指数分布:

$$P(k)=\alpha(1-\alpha)^{(k/2)-1}, k \text{ 为偶数} \qquad (4-1)$$

从仿真结果看,20 个城市地铁网络进行数值仿真所产生的节点的度值均为偶数,与实证结果不符(图 4.2)。除此之外,模型模拟出来的节点度值都较实证结果偏大[47]。从建立演化模型的假设条件看,实证分析采用"节点被连接次数"作为判断新线路加入网络的连接规则的依据；在此基础上，又假设给定数目的旧节点具有相等的被选取概率，与节点度无关。以上四点是该地铁仿真模型的核心特点。

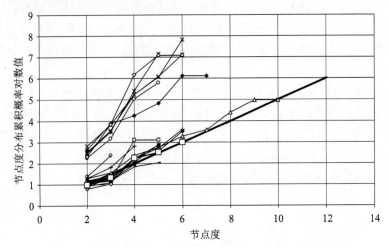

图4.2 "玩具"模型对20个城市地铁网络仿真累计度分布结果

4.1.2 公交网络演化机制

公交网络虽然没有固定的物理轨道，但其也依赖于道路网络建设，其网络演化的两个关键问题与地铁网络演化相同。由于现有的关于地铁网络演化的研究非常少，本书将公交网络演化作为重点参考内容。与地铁网络相同，研究者认识到公交网络不同于其他复杂网络[37,50,53,181,183]：公交网络的增长不是考虑单个站点的建设，而是考虑线路的演化，也就是网络演化的第一个问题，网络增长的元素不是节点而是线路；公交网络与地铁网络站点间的线路连接是局域道路上站点的实际连接，与航空网络、引文网络、社会网络的抽象连接不同，受城市物理结构和距离制约，有一种广义的连接"成本"[181]，而一般的复杂网络是在理想化的生成机制下生成的。

4.1.2.1 自回避随机游走模型

国内学者陈永洲、李南[53]在中国四个主要城市公交网络实证分析的基础上，得到"节点被连接次数"度分布及"经过节点的线路数目"的线路度分布都服从指数分布。依据BA提出的：在随机网络中，节点度服从指数分布，在无标度网络中，节点度服从幂律分布，故陈永洲、李南等认为应该用随机连接机制模拟生成节点度服从指数分布的网络。自回避随机游走模型构造算法如下：

（1）首先生成含有r_0条线路，m_0个站点的初始网络，且所有线路相交与同一个站点。

（2）每步加入一条新线路到网络中，该新线路包含$m(m>0)$个新站点和$n(n>0)$个旧站点；线路随机取一个旧站点，然后对下一站点以一定概率选择一步近邻到四步近邻中的一个站点，如果站点已经包含在该线路中，则回避选择。

（3）重复步骤（2），直至产生所有线路。

（4）结束模拟。

陈永洲、李南[53]对南京公交网络（Bus Transport Network，BTN）进行了数值仿真，得到经过节点的线路数分布如图 4.3(a)所示,南京实际 BTN 中,经过节点的线路数目分布如图 4.3(b)所示,图中 $P(R)$ 表示公交车站经过的公交线路分布的累积分布对数值,R 表示公交车站经过的公交线路数目。从图 4.3 中可以看出,自回避随机行走模型得到的南京市 BTN 的 $P(R)$ 分布与实际结果很相似,说明模型较好地反映了城市 BTN 的演化生成过程。

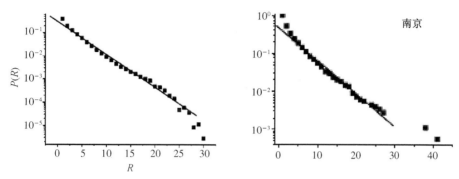

图 4.3 自回避游走模型生成的地铁网络线路度分布与实际值比较

4.1.2.2 基于线路择优连接和站点随机游走机制模型

在"玩具"演化模型和自回避游走演化模型的基础上,汪涛通过对国内四个主要城市(北京、上海、南京、杭州)的 BTN 实证分析[50],得到公交站点拥有的线路数分布尾部基本服从幂律分布 $P(B) \propto B^{-\lambda}$,由此认为,城市公交网络具有无标度特性。但与一般的节点度服从幂律分布的无标度网络不同的是,城市公交网络中节点经过的线路数分布呈幂律分布。由 BA 模型可知,如果网络增长时的连边原则是择优连接,则节点度分布服从幂律分布。而公交网络的演化与其他复杂网络相比,其演化具有特殊性,网络是以链的形式增长的,而不是以单点形式增长。公交网络中节点拥有的线路数呈幂律分布,这意味着在该网络中新增线路与已有站点之间的连接可视为择优连接。正是这种线路择优连接机制导致了公交网络中有少数几个站点拥有大量的线路,而大量的站点却拥有为数不多的几条线路。

通过对以上四个城市 BTN 的 L 空间和 P 空间中节点度分布实证分析,得到二者均服从指数分布。当网络增长时的连边原则是随机连接,节点度分布呈指数分布。因此城市公交网络中,新增站点与已有站点之间的连接可视为随机连接。

基于以上 BTN 车站拥有的公交线路数呈幂律分布和节点度呈指数分布的现象,汪涛提出了基于线路择优连接和站点随机游走的 BTN 演化模型,构造算法过程如下:

(1) 生成初始网络。在 $X \times Y(X, Y \to \infty)$ 的二维规则网格中生成初始网络,假定该网络中有 l_0 条线路,各条线路均拥有 m_0 个站点(每个站点占据一个网格),并全部相较于同一个站点,呈星型网络形态。

(2) 线路择优连接。每次引入一条新的包含 m 个站点的线路,站点数 m 服从正态分布,即 $m \sim N(\mu, \sigma^2)$。

新增线路选择网络中某一站点作为接入点,选择站点 i 的概率 π_i 与站点的度 k_i、其他站点 j 的度 k_j 有如下关系:

$$\pi_i = \frac{k_i}{\sum_j k_j} \tag{4-2}$$

(3) 站点随机游走。从站点 i 开始，以一定概率选择一步连接到三步近邻中的一个网格，若该网格有站点占据，则连接该站点，否则生成新的站点。重复站点随机游走过程，直至该线路上站点数为 m 时为止。

(4) 重复步骤(2)和(3)，直至生成所有线路。

在仿真过程中，随机拆分新增线路为 m_1 和 m_2，并沿相反方向进行站点随机游走。经过 t 时刻演化后，模型产生一个有 $N = l_0(m_0) - 1 + \sum_t m$ 个站点、$l_0 + t$ 条线路的公交网络。以南京市 BTN 为例进行仿真，得到节点经过的线路数分布、节点度分布如图4.4所示。图4.4(a)、(b)中的横坐标 B 表示车站经过的公交线路数目，纵坐标 $P(B)$ 表示车站经过公交线路数目分布的累积分布对数值；图4.4(c)、(d)中的横坐标 k 表示车站含有的邻居车站数目，$P(k)$ 表示车站邻居数目度分布的累积分布对数值。

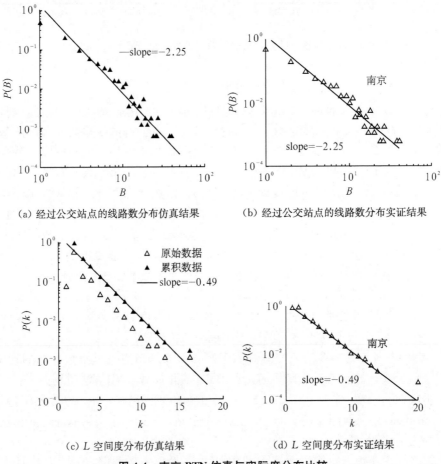

(a) 经过公交站点的线路数分布仿真结果　　(b) 经过公交站点的线路数分布实证结果

(c) L 空间度分布仿真结果　　(d) L 空间度分布实证结果

图4.4　南京 BTN 仿真与实际度分布比较

从图4.4可以看出，南京市 BTN 经过公交站点的线路数分布和 L 空间度分布的仿真结果与实证结果很相似，说明模型很好地反映了城市 BTN 的演化生成过程。

4.1.3　三种演化模型的局限性

无论从对交通网络的实证分析，还是演化模型的构造，汪涛提出的基于线路择优连接和站点随机游走机制的演化模型,相比 Angeloudis 和 Fisk 提出的"玩具"模型,以及陈永洲和李南提出的自回避随机游走模型,已经有了很大的改进,但应用到地铁网络中,依然存在一些局限性:

(1) 线路择优连接的概率模型并不能选择到"富裕"节点,择优概率模型需要改进。BTN 的经过节点线路数呈幂律分布,反映了新增线路加入网络中的接入点偏好连接"富裕"节点。然而,在 UMNS 中,大部分节点都只有一条线路经过,只有极少数节点有几条线路经过,将每个节点的节点度(这里的节点度表示经过节点的线路数和节点被连接次数)占节点度总和的百分比标记在轮盘上,虽然节点度大的节点在轮盘上占据的面积较大,节点度小的节点虽然占据的面积小,但是由于大多数节点都是节点度小的节点,因此,这类节点在轮盘上占据了很大的面积,当做轮盘赌实验时,选择到节点度大的节点概率依然很小。轮盘赌只是一个实验举例,回到节点概率选择模型的数学解析式中去阐述问题的实质,当数学解析式的分母很大时,概率的大小将不依赖于分子,这和 Angeloudis 和 Fisk 大型网络的节点选择概率与节点度无关的论述是一致的[47]。换句话说,之所以 BA 模型能生成无标度网络,是因为该模型演化的初期分子较大,所以连接到节点度高的概率会比较高,随着演化的进行,分母逐渐变大,连接到的节点开始变得随机化,所以大量选中了平庸节点,这就是重尾效应的原因所在。在 UMNS 中,平庸节点与富裕节点的比例要远大于其他复杂网络中的比例,所以说,线路择优连接的概率模型选择到"富裕"节点的概率依然很小,择优概率模型需要改进。

(2) 站点并不是完全随机游走。汪涛经实证分析得到公交网络中节点的度分布服从指数分布,又由 BA 模型可知,如果网络增长时的连边原则是随机连接,则节点的度分布呈指数分布,就可以认为公交网络中新增站点与已有站点之间的连接可视为随机连接。首先,就随机游走来看,由于城市规划的限制,地铁网络的建设需要按照城市规划实施,如北京、上海、东京属于网格+环型网络结构,而莫斯科是典型的放射+环型网络结构,地形条件限制较多的城市,如美国纽约、中国香港的地铁网络结构随城市地形条件建设,线路游走也不是随机的。因此说,站点随机游走不能体现 UMNS 实际演化过程。

(3) 线路交叉产生换乘站点的问题没有得到解决。通过对 52 个城市地铁网络观察,绝大多数线路交叉都会产生换乘站点,然而在已有的文献中都没有解决这个问题。

(4) 环线、分支线路的问题没有解决。环型线路通常位于城市中心圈,为中心圈内的通勤者提供服务,同时与径向型线路、放射型线路连接,为城市郊区和城市中心圈通勤提供服务,是地铁网络中一种常见的线路类型。分支型线路也在地铁网络中广泛存在,分支型线路中的一个首末节点为城市中心圈内、城郊接合处的已有站点,然后向城市郊区延伸,因此,分支型线路只含有一个首末节点,为城市郊区和城市中心区的通勤提供服务。然而,以上三种演化模型都将这两种线路排除在外。

(5) 线路站点数。汪涛提出的线路择优连接和站点随机游走机制的公交网络演化模型中,每条线路上的站点数目服从正态分布。产生这一现象的现实原因在于:一个城市中公交线路不宜过短,这会增加乘客的中转;也不宜过长,过长不易准点。因此一个城市的公交线路长度相似。但通过对 52 个城市的地铁网络线路站点数分布的观察,很难得到一个较为准确的拟合函数。Chen 等通过分析固定站点数目和服从正态分布的站点数目对节点度分布和经过节点的线路数分布的影响,发现线路站点数目的固定或变化对二者均没有影响[37]。基于此,本书假设地铁网络的线路站点数相等。

4.2 基于节点复制模型的线路择优机制和站点随机游走的地铁网络演化模型

针对上述地铁网络的"玩具"演化模型和公交网络的自回避游走模型及基于线路择优连接和站点随机游走机制的演化模型的局限性,本书在地铁网络实证研究的基础上,提出 UMNS 演化的两个关键机制:基于节点复制模型的线路择优连接机制和站点在指定方向上的随机游走机制。

4.2.1 基于节点复制模型线路择优机制

与其他复杂网络相比,UMNS 的演化具有特殊性,UMNS 以链的形式增长的,也就是说,每次新加入网络中的元素是由一系列节点组成的线路而不是单个节点。通过第 3 章对 52 个城市地铁网络的实证分析,得到经过节点线路数分布呈 SPL 分布,这意味着在该网络中,新增线路接入网络中的旧节点可视为择优连接。又由于这种按照节点度择优的演化机制最初在社会网络的演化中提出,社会网络演化有别于地铁网络的一个显著特点是:社会网络中每次加入网络中的是单个节点,择优是单个节点对 $t-1$ 步累积的节点的优先选择规则,而地铁网络中每次加入网络中的是由一系列节点组成的线路,择优是新增线路上的一个节点对 $t-1$ 步累积的所有线路上的所有节点的择优,这就使得地铁网络中富裕节点与平庸节点的比例要远小于以节点为演化单位的其他复杂网络,根据轮盘赌实验可知,即使按照节点度择优,能够选择到度大的节点的概率依然很小。因此,本书提出基于节点复制模型的线路择优机制,来保证新增线路的接入点能够在枢纽站点;并且提出基于适应度模型的线路择优机制,通过二者的仿真结果对比,说明节点复制模型的线路择优机制更适用于 UMNS 的演化模型。

(1) 节点复制模型

该模型假设线路度大的节点更加优良。按照 BA 模型,节点的线路度越高,被选中的概率越大,但是,线路度小的个体也有可能被选中;但在地铁网络的规划中,规划者会尽量将新增线路的接入点安排在线路度大的节点上。所以,该模型第一步随机生成一个 $[0,1]$ 的随机概率 q,将该随机概率 q 与指定节点的适应度 P 比较,如果优选概率大于随机概率,则选中该节点,否则,选中旧节点中线路度最大的节点作为复制节点,接入新增线路。

(2) 适应度模型

根据第 3 章提出的基于信息传递效率的地铁网络聚类系数模型,聚类系数的大小与节点的线路度和节点在线路上离中心位置远近有关,节点越靠近中心位置,聚类系数越大(当且仅当节点的线路度相同)。择优规则的第一步采用节点度优先选择新增线路的接入点,当网络中存在与该接入点相同线路度的节点时,采用第二步聚类系数择优规则,在所有与接入点具有相同线路度的节点中,优选一个位于网络中心范围的接入点;当网络中不存在与第一步节点的线路度择优规则选择到的接入点的线路度相同的节点时,不执行第二步择优。这样就能够保证:如果第一步择优选择到的是平庸节点,通过第二步择优,避免了接入点位于网络的边缘,而导致不符合地铁网络建设的现实情况。这里节点的聚类系数被视为节点的适应度。

4.2.2 指定方向上的站点随机游走

通过第 3 章对地铁网络结构类型的分析可知,UMNS 的线路不完全是随机网格,而是网格型、放射型、星型地铁网络类型,以及这些类型与环线的组合,并且地铁线路不是只有径向型线路,环线和分支型线路也广泛存在于地铁网络中。如果为网格型网络,则两条相交线路为正交线路,即新增线路需要垂直于接入线路,站点的随机游走需要在正交方向上游走;如果为放射型网络,新增线路上的站点需要在与接入线路非垂直方向游走;环型线路需要在最后一个时间步保证首末节点重合。因此,为了更加符合地铁网络建设的实际情况,演化出不同结构类型的地铁网络,本书提出了在指定方向上的站点随机游走机制。

"线路择优连接"和"指定方向上的站点随机游走"这两个过程是确定性和随机性的统一,也正是这种演化机制,决定了 UMNS 不同于其他复杂网络的独特性。按照以上两种机制,本书提出的 UMNS 演化模型的构造算法如下:

(1) 生成初始线路

在 $X \times Y(X, Y \to \infty)$ 的二维规则网格中生成初始网络,假定该网络中有 1 条线路,这条线路均拥有 m 个站点(每个站点占据一个网格)。

(2) 线路择优连接

每次增加一条新的线路,包含 m 个站点(包括新增站点和旧站点),新增线路按照对应的择优模型选择一个旧节点 i 接入到网络中:

模型Ⅰ:BA 模型

新增线路根据旧节点经过的线路数目的优先连接概率进行选择:

$$\prod(k_i) = \frac{k_i}{\sum_j k_j} \tag{4-3}$$

模型Ⅱ:适应度模型

在模型Ⅰ选择的基础上,如果网络中存在其他节点与按照模型Ⅰ择优选择到的节点拥有相同线路度,则继续在这些具有相同度的节点之间按照节点的聚类系数优先连接概率进行第二次选择:

$$\prod(C_j) = \begin{cases} 1 & \text{if } \max\limits_{j,\, i \in \Phi}\left(\dfrac{C_j}{\sum\limits_i C_i}\right) = \dfrac{C_j}{\sum\limits_i C_i} \\ 0 & \text{if } \max\limits_{j,\, i \in \Phi}\left(\dfrac{C_j}{\sum\limits_i C_i}\right) = \dfrac{C_j}{\sum\limits_i C_i} \end{cases} \tag{4-4}$$

其中 Φ 为第一步选中的节点集。

模型Ⅲ:节点复制模型

第一步,定义原有线路节点集 A,包含原有线路中的所有节点。计算节点的节点度优选概率,并生成该节点的随机选择概率(为 0~1 之间的一个随机数)。

第二步,定义被选中节点集 B,如果节点集 A 中某个节点的节点度优选概率大于该节点的随机选择概率,就把该节点放入被选中节点集 B。

第三步,选取节点集 B 中节点度最大的节点作为新增线路的接入节点。若节点集为空,则在原有线路中选择节点度最大的节点作为接入节点。原有线路接入节点的优先选择概率为:

$$\prod(i) = \begin{cases} 1 & \text{if } \max_{i,j \in \Omega}(\prod(k_j) - p(j)) = \prod(k_i) - p(i); \\ 0 & \text{if } \max_{i,j \in \Omega}(\prod(k_j) - p(j)) > \prod(k_i) - p(i) \end{cases} \quad (4-5)$$

其中 Ω 为上一步节点度随机概率选择出来的节点。

(3) 确定线路游走的方向

规定线路游走的方向向量：$i = [x, y]$，$x \in (-1, 1)$ $y \in (-1, 1)$。

随机网络：在[1, −1]之间随机产生两个数，各自取其符号确定随机游走的象限，如：若两数均为正，则线路将在第一象限方向上随机游走。

网格型网络：该条线路方向与上一条正交游走线路的方向垂直，若为第一条，则默认为水平方向。

放射型网络：该条线路方向与上一条交叉游走线路的方向有一个非垂直的夹角，第一条交叉游走线路的方向随机产生。

环型线路：获取接入站点 i 与网格中心坐标的距离作为环线游走的半径 r，线路在以中心坐标为圆心，r 为半径的环上逆时针游走。

(4) 站点随机游走

新增线路站点的游走由一个二维的方向向量和随机步长决定，游走规则如下：

① 首先产生站点游走的方向向量

随机网络：随机产生一个二维向量，向量的两个坐标符号与线路游走的象限坐标符号相符。

网格型网络：站点游走的方向向量和线路方向相同。

放射型网络：站点游走的方向向量和线路方向相同。

环形线路：站点游走的方向向量在以网络中心坐标为圆心，r 为半径的逆时针方向上。

② 确定游走步长

在 $[a, b]$ 之间产生一个随机数，a 为游走的最小步距，b 为游走的最大步距。

③ 站点游走

从站点 i 开始根据随机游走向量游走，若游走过程与已有线路产生交点，则游走到已有线路上与交点最近的一个站点。若游走过程没有遇到站点，则在向量终点创建一个新的站点。

(5) 单双向游走控制

根据单双向控制参数控制线路是否进行单双向游走，若线路为单向游走，则重复第(4)步的站点游走过程，直至该新线路的站点数达到 $m/2$ 时，线路停止游走。若为双向游走，则当线路的站点数达到 $m/2$ 时，回到起始站点 I，让线路朝反方向游走。此时线路游走方向的向量坐标符号与第(3)步确定的象限坐标符号相反，站点游走向量的两个坐标的符号也与第(3)步确定的象限坐标符号相反。

(6) 重复步骤(2)、(3)、(4)和(5)，直到生成所有线路

双向游走实现了径向线路的生成，单向游走实现了分支型线路的生成。

为了更加有力地说明双重择优规则更加适用于地铁网络的演化，本书同时定义了传统的节点度优选算子作为新增线路接入网络选择旧节点的规则，通过两种算子得到的地铁网络拓扑结构、经过节点的线路数分布、标度值的对比，来证明本书提出的算法的有效性。

4.3 地铁网络结构仿真分析及讨论

为了得到更加适合模拟 UMNS 的择优机制,首先比较由模型Ⅰ、Ⅱ、Ⅲ[50]演化生成的仿真模型,统计新增线路接入点距离线路始末端的位置(地铁网络规划中,新增线路的接入点大部分位于城市中心区域,距离线路的始末端较远),确定适用于 UMNS 的演化机制。

4.3.1 三种择优机制新增线路接入点比较

为了比较三种择优机制下新增线路接入点距离线路始末端距离的异同,本书通过模拟地铁网络 Moscow 地铁网络进行,取 $l=12$,其中,1 条环型线路,8 条径向型线路,3 条分支型线路,每条线路含有 17 个站点,生成一个模拟的 Moscow 地铁网络,每个择优机制进行 30 次试验,共 90 次试验,通过对接入点位置的统计值平均,得到三种择优机制下的新增线路接入点距离始末节点位置,如图 4.5 所示。

由图 4.5 可以看出,基于节点度择优选择的地铁网络的新增线路接入点大部分距离线路始末端 2 个节点的距离;相反,基于遗传算法节点度优选的新增线路接入点大部分位于线路的中点附近,距离线路的始末端较远;而基于节点度+聚类系数的新增线路接入点较为均匀地分布在距离始末端大于 2 个节点的位置。

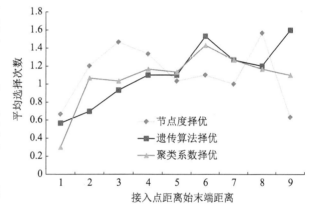

图 4.5 三种择优机制下的新增线路接入点距离始末节点位置

新增线路的接入点多数位于线路边缘的现象与实际地铁网络规划原则不符,因此,采用节点复制模型作为择优机制,以保证地铁网络的新增线路接入点大部分集中于中心区。

4.3.2 四个典型拓扑结构地铁网络仿真

本书选取四个典型的地铁网络作为仿真分析对象:放射型+环型地铁网络的代表 Moscow,星型地铁网络代表 Stockholm,正交网格型地铁网络代表 Osaka,放射型地铁网络代表 St. Petersburg。四个地铁网络仿真所需基本信息见表 4.1。

表 4.1 四个典型地铁网络结构基本信息表

城市	网络结构类型	线路数				原始节点数	节点类型	
		线路总数	径向	分支	环型		平庸节点	换乘节点
Moscow	放射型+环型	12	8	3	1	180	118	25
Stockholm	星型	8	3	5	0	110	91	9
Osaka	网格型	9	6	3	0	143	94	23
St. Petersburg	放射型	5	4	1	0	65/57	50	7

仿真系统所需参数如下：

Routs-station-number：线路平均站点数目；

Routs-number：网络含有的线路数目；

Ring-number：网络含有的环线数目；

R：环线的半径；

Radial walking proportion：星型游走线路比例，星型游走指几条新增线路的接入点为同一点；

Orthogonal walking proportion：正交游走线路比例，正交游走指新增线路游走方向与接入线路垂直；

Intersect walking proportion：交叉游走线路比例，交叉游走指新增线路游走方向与接入线路的夹角大于0°小于90°；

Ring walking proportion：环线游走线路比例，指在所有线路中按照环型游走的线路比例；

Branching proportion：分支线路比例，在所有非环型线路中，分支型线路所占比例。

(1) Moscow 地铁网络演化模拟

Moscow 地铁网络的换乘节点都位于中心区域内，距离其所在线路的始末端大于5，为放射型结构（网络中任意一个闭合圈为三角形状）。基于这两个特点，首先，采用节点复制模型择优控制新增线路的接入点，保证新增线路的接入点都紧密围绕在网络中心区域；其次，采用交叉游走控制线路的游走方向，保证网络的拓扑结构呈放射型结构。仿真参数及结果统计见表4.2，模拟网络与实际网络对比见图4.6，模拟度分布与实际莫斯科地铁网络度分布如图4.7所示，由图可见，模拟值与实际值非常相似，网络平均聚类系数 $C=0.2775$，网络最大换乘次数为3，网络平均最小换乘次数为1.19。仿真结果表明：构建的基于节点复制模型的择优选择模型和交叉游走模型能够表现放射＋环型地铁网络的生成机制。

表 4.2 Moscow 地铁网络模拟参数设置及模拟结果

线路接入模式：节点复制模型择优选择
线路游走模式：交叉游走
线路平均节点数目：16
交叉游走演化比例：0.92
环线游走演化比例：0.08
分支线路比例：0.30
半径：4

网络类别	节点数	连接数	度分布				T	C
			$P(l=1)$	$P(l=2)$	$P(l=3)$	$P(l=4)$		
实际地铁网络	143	167	0.8252	0.1049	0.0559	0.0140	1	0.2713
仿真地铁网络	145	166	0.8176	0.1185	0.0408	0.0231	1.17	0.2775

4 基于节点复制模型择优和站点随机游走的地铁网络结构演化模型

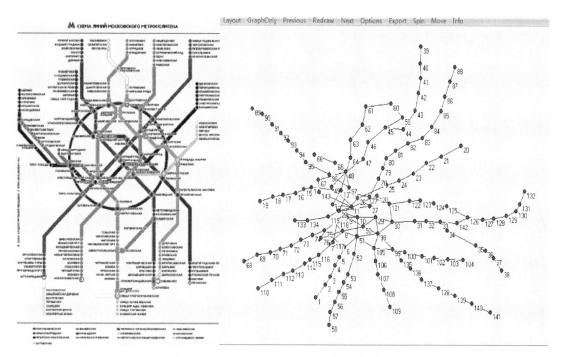

图 4.6　Moscow 模拟网络与实际网络比对图

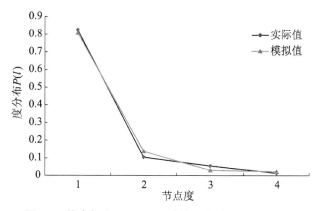

图 4.7　仿真与实际 Moscow 地铁网络线路度分布比较

(2) Stockholm 地铁网络演化模拟

Stockholm 地铁网络的 3 条径向线路都汇聚于 T-centralen 车站,这类所有径向线路经过同一车站的网络定义为星型网络(见第 3 章),由星型线路接入比例控制;5 条分支型线路分别由其主线引出,向边缘发散,为交叉游走,因此,采用交叉游走模式控制线路的游走方向;分支型线路的接入点都位于中心区域附近,故节点复制模型择优选择模式加载新增线路。仿真参数及结果如表 4.3 所示,仿真网络与实际网络的对比图如图 4.8 所示,由节点度分布、网络最大换乘次数、平均最小换乘次数、聚类系数(与随机网络的聚类系数比较)及拓扑结构图可以看出,仿真模型能够较为准确地解释星型网络的生成机制。

表 4.3 Stockholm 地铁网络仿真参数设置及仿真结果

线路接入模式:节点复制模型
线路游走模式:交叉游走
星型线路接入比例:0.37
线路平均节点数目:19
交叉游走演化比例:1
环线游走演化比例:0
分支线路比例:0.30

网络类别	节点数	连接数	度分布			T	C
			$P(l=1)$	$P(l=2)$	$P(l=3)$		
实际地铁网络	100	102	0.910	0.080	0.01	1.30	0.312 9
仿真地铁网络	98	99	0.918	0.071	0.01	1.43	0.330 4

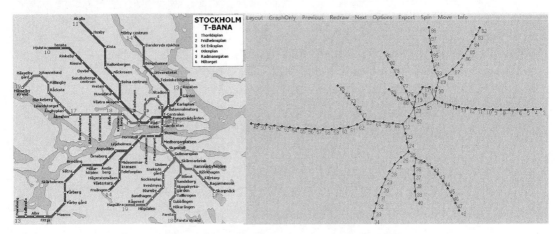

图 4.8 Stockholm 模拟网络与实际网络比对图

(3) Osaka 地铁网络演化模拟

Osaka 地铁网络是典型的网格型拓扑结构,主要由三横五纵线路组成,网络内闭合圈多数为四边形结构,因此,采用线路正交游走模式控制线路游走方向;换乘节点均匀分布在中心区域,如果采用节点度择优和聚类系数择优选择,将使得新增线路的接入点有较大的概率位于线路始末端位置,从而导致该条线路不能够充分与其垂直方向线路交叉产生换乘节点,基于此,采用遗传算法节点度择优选择模式控制新增线路的接入。仿真参数及结果见表4.4,仿真拓扑结构与实际网络拓扑结构对比如图 4.9 所示。由于实际网络并不是严格按照正交游走生成,线路 M、T、S 末端的游走方向都发生了变化,导致线路产生额外的换乘节点,而仿真模型的线路正交游走模式中线路始终按照指定方向游走,故仿真网络的换乘节点数小于实际网络的换乘节点数目。

(4) St. Petersburg 地铁网络演化模拟

St. Petersburg 地铁网络由 4 条径向型线路和 1 条分支型线路组成典型的放射网状结构,网络内的闭合圈多为三角形结构,因此,采用线路交叉游走模式控制线路走向,计算结果如表 4.5 所示,仿真拓扑结构与实际网络拓扑结构对比如图 4.10 所示。由节点度分布、网络最大换乘次数、平均最小换乘次数、聚类系数(与随机网络的聚类系数比较)及拓扑结构图可以看出,仿真模型能够较为准确地解释放射型网络的生成机制。

表 4.4 Osaka 地铁网络仿真参数设置及仿真结果

线路接入模式:节点复制模型择优选择
线路游走模式:正交游走
线路平均节点数目:18
正交游走演化比例:1
环线游走演化比例:0
分支线路比例:0.25

网络类别	节点数	连接数	度分布			T	C
			$P(l=1)$	$P(l=2)$	$P(l=3)$		
实际地铁网络	117	134	0.803 4	0.170 9	0.025 6	1	0.275 6
仿真地铁网络	117	129	0.820 5	0.162 4	0.017 1	1.43	0.281 8

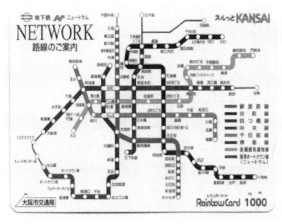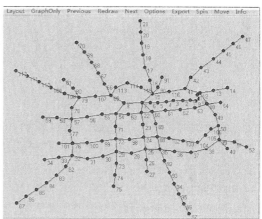

图 4.9 Osaka 模拟网络与实际网络比对图

表 4.5 St. Petersburg 地铁网络仿真参数设置及仿真结果

线路接入模式:节点复制模型
线路游走模式:交叉游走
线路平均节点数目:14
交叉游走演化比例:1
环线游走演化比例:0
分支线路比例:0.2
网络:3-2-1

网络类别	节点数	连接数	度分布			T	C
			$P(l=1)$	$P(l=2)$	$P(l=3)$		
实际地铁网络	57	60	50	6	1	0.8	0.326 1
仿真地铁网络	56	59	49	6	1	0.9	0.330 0

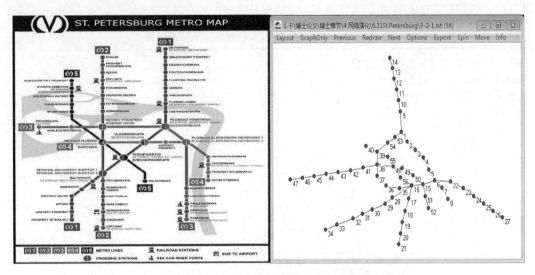

图 4.10　St.Petersburg 模拟网络与实际网络比对图

4.4　本章小结

本章研究了 UMNS 演化机制,并构建了基于节点复制模型的新增线路加载模式和在指定方向上的线路随机游走模型,通过基于 BA 模型、适应度模型的新增线路接入点距离线路始末端位置的对比,得到基于节点复制模型的择优机制更加能够真实地反映地铁网络的生成过程;最后,对四个典型拓扑结构地铁网络进行仿真,结果表明模型基本包含了地铁网络生成机制的关键要素。本章的研究成果是 UMNS 结构连通脆弱性和从乘客延误角度出发的结构脆弱性研究的基础。

5 城市地铁网络结构连通脆弱性评价

本章从拓扑结构连通性角度出发,评价相同规模不同拓扑结构类型、相同结构不同异质程度的UMNS结构脆弱性。首先构建UMNS结构脆弱性评价指标,制定攻击策略;其次演化生成相同规模的星型、放射型、网格型、星型+环型、放射+环型、网格+环型地铁网络结构,对6个网络进行攻击仿真及结果分析,得出拓扑结构类型与结构脆弱性之间的关系;同样,演化生成相同结构、相同规模的不同异质程度的UMNS网络结构,对其进行攻击仿真及结果分析,得出不同异质程度与结构脆弱性之间的关系。

5.1 城市地铁网络结构脆弱性研究回顾

5.1.1 地铁网络结构连通脆弱性评价指标

UMNS在结构上的拓扑特殊性、服务功能特殊性、乘客选择行为特殊性决定了拓扑结构脆弱性研究的重要性。网络的拓扑结构脆弱性与交通需求无关,不必考虑路段长度、成本、流量等方面的因素,而只需要考虑路网的连通程度,将路段的状态划分为"连通"和"不连通"两种。网络中任一OD对之间,如果存在至少一条路径,则认为该OD对连通,否则认为不连通;网络中如有至少一个OD对不连通,则认为该网络失效。因此,在研究地铁网络拓扑结构脆弱性时,需要分两个阶段分析:首先,通过OD对数目判断网络是否连通;其次,通过网络效率判断网络的连通程度。

脆弱性是一种系统的固有属性,系统的内部特征是系统脆弱性产生的主要、直接原因,扰动及乘客行为使其脆弱性放大或缩小。地铁网络脆弱性是指很小的扰动发生在系统的关键部位,可以造成很大的损坏甚至导致系统瘫痪。因此,本章只研究从连通性角度出发的UMNS拓扑结构的脆弱性表现,不考虑乘客行为等外部因素。

脆弱性量化指标实质是对突发事件造成损害的这种事实结果的评估指标,为了解交通网络脆弱性方面的研究进展,文献回顾集中在交通网络脆弱性研究领域,国内外学者在这方面做了有价值的研究,量化指标及其定义、应用的交通网络类型及参考文献见表5.1。

表5.1 主要交通网络脆弱性量化指标

文献	交通类型	度量指标	指标定义
胡一竑[19]	街道	最大连通集团	剩余连通网络中节点相对数目
李进,马军海[76]	地铁	路径长度、直径	OD对需要经过的平均与最大连接数目
尹洪英[189]	道路	网络效率	任意两个OD对间经过的连接数目的倒数

(续表)

文献	交通类型	度量指标	指标定义
Mishkovski, Biey, Kocarev[77]	街道	平均边/点介数	网络中所有的最短路径中经过该节点/边的数量比例
涂颖菲,杨超,陈小鸿[74]	道路	最小割频度向量	将网络分割成两个不连通部分的边的集合的加权平均值

由表 5.1 可以看出,无论是最大连通集团、路径长度,还是网络效率,都是从图论和复杂网络理论角度出发,通过对网络受到攻击前后,度量网络的损失程度来评价网络的脆弱性水平。道路交通网络的拓扑结构是道路交通运输网络所具有的内在、本质属性,它从根本上决定了道路交通网络的连通能力,一旦结构确定下来就必然对运输功能产生深刻影响,当遇到地震或恐怖袭击而使得部分连接失效,这时网络的连通性就成了最关键的问题。

5.1.2 拓扑结构类型与脆弱性的关系

交通网络拓扑结构脆弱性研究的另一个热点是关于不同网络类型与脆弱性的关系,然而这些研究关注的结构类型集中在交通网络与随机网络、规则网络、小世界网络,通过对比来说明交通网络与以上网络结构类型对攻击的脆弱性表现。吴建军研究了随机网络、小世界网络、无标度的承载能力。在系统总流量较小时,随机网络阻塞程度较轻,当流量增加时,无标度网络的交通承载能力要大于随机网络和小世界网络。这种现象由无标度网络和随机网络的拓扑结构特性决定。在流量较小时,无标度网络中的流量都集聚在最短路径上,因此介数较大的边首先被分配,从而导致无标度网络更加容易出现阻塞;当流量增加时,这些介数大的边同样承担大的交通流量,而介数小的边承担小的交通流量。随机网络的介数同质,流量均匀分配到网络上,因而在流量较大时,随机网络的阻塞程度大。无标度网络的标度系数变化对阻塞程度的影响不明显,但聚类系数对阻塞程度有明显影响。随着聚类系数的增大,网络的阻塞因子减小。对于无标度网络的拓扑结构,较大的聚类系数有助于减轻网络的阻塞程度。对于小世界网络,聚类系数对网络阻塞程度的影响不大,因为小世界网络本身具有较大的聚类系数,而无标度网络的聚类系数比较小,网络拓扑的变化受聚类系数的影响程度就较为明显[3]。

从拓扑结构连通性角度来看,WS 和 ER 网络对节点和边的蓄意攻击方面,比无标度网络表现出更好的抗毁性;无标度网络对基于节点的攻击表现得更加脆弱,而随机网络恰好相反[191]。Li 等采用网络承载的最大流量作为互联网络的评价指标,说明统一幂律分布的无标度网络在不同的网络结构下具网络性能可能相差很大[192]。

5.1.3 研究存在的不足

第一,基于网络效率的地铁网络拓扑结构脆弱性指标,都是直接采用社会网络、电网、互联网、道路网络中从节点、连接角度出发的研究方法,而忽略了地铁网络特有的物理线路及换乘特点。地铁网络与其他类型网络最大区别在于:车站与车站之间的连接是实际存在的物理轨道,而非无形的连接关系,由单位物理轨道构成拓扑线路。在地铁网络中,换乘次数是乘客出行考虑的一个重要因素。但已有的从路径长度出发的脆弱性评价指标难以反映换乘效率。因此，地铁网络的效率评价应该从换乘角度出发，网络效率的计算方法需要改进。

第二，缺少对不同结构类型的地铁网络的脆弱性表现的研究。对不同拓扑结构的研究表明网络上的动力学过程主要依赖于底层拓扑结构。但是，不同拓扑结构类型与功能之间的相互依赖关系至今还没有被完全揭示，什么样的拓扑结构对随机和蓄意攻击更加脆弱或者鲁棒？网络的异质程度对网络的脆弱性有什么影响？这些都需要做进一步研究。

5.2 城市地铁网络结构连通脆弱性评价理论

5.2.1 基于复杂网络理论的节点、连接重要程度指标

评价节点、边重要程度是制定蓄意攻击策略的基础，在此基础上，制定攻击策略，观察不同重要性程度指标的影响程度，同时识别网络中的关键车站和区间。

5.2.1.1 节点的线路度

节点的线路度为节点经过的拓扑线路数目，节点的线路度越高，表示节点经过的线路数目越多，节点就越重要，具体计算方法见公式(3-1)。

5.2.1.2 介数

介数(Betweenness Centrality)来源于社会网络中对个体重要性的评估，一个节点(边)的介数值表示所有的节点对之间通过该节点(边)的最短路径条数占所有最短路径的比例。因此，它能够刻画节点和边在网络中的重要程度。任意节点 V 的介数值定义如下[171]：

$$C_B(v) = \sum_{s \neq t \neq v} \delta_{st}, \quad \delta_{st}(v) = \frac{\partial_{st}(v)}{\partial_{st}} \tag{5-1}$$

其中，∂_{st} 为节点 s 到 t 的最短路径数目，$\partial_{st}(v)$ 为节点 s 到 t 的最短路径中经过节点 v 的最短路径数目，基于路径长度计算的节点介数如图 5.1 所示，示例地铁网络中有 3 条拓扑线路，各个节点的 $C_B(v)$ 如图 5.1 所示。同理，可以计算任意边的介数值 $C_B(e)$。

介数值反映的是一个节点/边在信息传递过程中的重要性，如果这个节点失效将导致信息传递需要经过更长的路径，经过该节点/边的最短信息传递的路径都将被影响。在社会网络中，信息传递的长度由两个节点之间经过的连接数目决定，而在 UMNS 中，信息传递的长度则是乘客由一个节点到另一个节点的"距离"，这里的"距离"有两种解释：一种是 OD 对之间需要经过的连接数目，

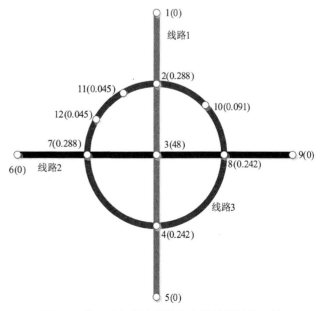

图 5.1 基于路径长度的节点介数计算简单示例

另一种是 OD 对之间需要换乘的次数。因此,本书建立了适用于地铁网络的,基于换乘次数的介数计算方法,任意节点 v 的介数值定义如下:

$$C_B^T(v) = \sum_{s \neq t \neq v} \delta_{st}^T, \quad \delta_{st}^T(v) = \frac{\partial_{st}^T(v)}{\partial_{st}^T} \tag{5-2}$$

其中,∂_{st}^T 为节点 s 到 t 的最小换乘路径数目,$\partial_{st}^T(v)$ 为节点 s 到 t 的最小换乘路径中经过节点 v 的最小换乘路径数目。同理,可以计算任意边的介数值 $C_B^T(e)$。

介数值的取值范围为[0,1],当节点不是任一 OD 对的中间节点时,该节点的介数值为 0,如地铁网络中的起始节点;当网络中的所有 OD 对的最短路径都经过该节点时,该节点的介数值为 1,如在不含有中间节点的星型网络中的中心节点[193];边介数同理。

5.2.2 组合攻击策略

5.2.2.1 针对节点的攻击策略

节点随机攻击(Vertices Random Attack,RA^V):每个时间步随机删除网络中的一个节点或一定比例的节点。

基于节点度的蓄意攻击(Degree based Vertices Target Attack,DTA^V):首先对网络中的节点按照节点的线路度降序排列,然后每个时间步删除网络中节点度最大的一个节点。

基于网络平均最短路径长度的节点介数蓄意攻击(Link Number—Betweenness based Vertices Target Attack,B^LTA^V):首先对网络中的节点按照最小链接数目的节点介数 $C_B^L(v)$ 降序排列,然后每个时间步删除一个 $C_B^L(v)$ 最大的节点。

基于网络平均最小换乘次数的节点介数蓄意攻击(Transfer Number — Betweenness based Vertices Target Attack,B^TTA^V):首先对网络中的节点按照基于最小换乘次数的节点介数 $C_B^T(v)$ 进行降序排列,然后每个时间步删除一个 $C_B^T(v)$ 最大的节点。

5.2.2.2 针对边的攻击策略

边随机攻击(Edges Random Attack,RA^E):每个时间步随机删除网络中的一条或者一定比例的边。

基于网络平均最短路径长度的边介数蓄意攻击(Link Number — Betweenness based Edges Target Attack,B^LTA^E):首先对网络中的边按照基于最小链接数目的边介数 $C_B^L(e)$ 降序排列,然后每个时间步删除一个 $C_B^L(e)$ 最大的边。

基于网络平均最小换乘次数的边介数蓄意攻击(Transfer Number — Betweenness based Edges Target Attack,B^TTA^E):首先对网络中的边按照基于最小换乘次数的边介数 $C_B^T(e)$ 降序排列,然后每个时间步删除一个 $C_B^T(e)$ 最大的边。

5.2.3 地铁网络结构连通脆弱性评价指标

5.2.3.1 基于最大 OD 数目的脆弱性评价指标

最大连通子图又称最大集团或最大连通片,指的是把图中所有的节点用最少的边将其连起来的子图。子图中的任意两个节点之间都有路径相连,因此,如果子图中的节点数目为 N',则连通的 OD 数目为 $N'(N'-1)/2$,如果图为有向图,则最大连通子图的连通 OD 数为

$N'(N'-1)$。

从拓扑结构连通性角度来看,一个节点(边)越重要,其失效会导致越多数目的 OD 对无法连通。因此,最大连通 OD 数目的故障规模作为评价节点、边的关键性指标,同时作为网络连通脆弱性指标,定义如下:

$$S(W) = 1 - \frac{W_{degraded}^a}{W_{normal}} \tag{5-3}$$

其中,W_{normal} 表示网络在没有受到攻击、正常情况下的所有连通 OD 数目,双向网络在没有受到攻击情况下,网络中任意两个节点都连通,所以有 $W_{normal}=N(N-1)$,其中 N 表示网络中节点数目;$W_{degraded}^a$ 表示区间 a 不连通后,网络中存在的连通 OD 对数目。

5.2.3.2 基于效率的节点、连接脆弱性评价指标

传统的基于 OD 之间连接数目的节点效率定义为:由该点到网络中所有节点的距离的倒数之和的平均值[46],即:

$$E_G = \frac{1}{N(N-1)} \sum_{i \neq j} \frac{1}{a_{ij}} \tag{5-4}$$

其中,a_{ij} 表示节点 i 和节点 j 之间连接的数目,当 $a_{ij} \to \infty$ 时,$1/a_{ij}=0$;节点 v 受到攻击,对网络造成的故障规模作为评价节点、边的关键性指标,同时作为网络连通脆弱性指标,可以表示为:

$$S(E_G) = 1 - \frac{E_{degraded}}{E_{normal}} \tag{5-5}$$

其中,$S(E_G^T)$ 表示基于路径长度的故障规模,E_G^v 表示删除节点 v 后网络的效率,同理,连接 a 失效对网络效率的影响 E_G^a 也可计算得到。

基于换乘次数的节点效率定义为:由该点到网络中任意一点的所需换乘的次数的倒数。由于在同一条拓扑线路上的 OD 对,不需要换乘就可以到达,换乘次数为 0,而 0 的倒数没有意义,所以,将基于换乘次数的节点效率定义为:任意 OD 对需要经过的拓扑线路数目的倒数。基于换乘的节点关键程度表示为:

$$S(E_G^T) = 1 - \frac{E_{degraded}^T}{E_{normal}^T} \tag{5-6}$$

$$E_G^T = \frac{1}{N(N-1)} \sum_{i \neq j} \frac{1}{\delta_{ij}+1} \tag{5-7}$$

其中,$S(E_G^T)$ 表示基于换乘效率的故障规模,δ_{ij} 表示节点 i 和 j 之间需要换乘的次数,$(\delta_{ij}+1)$ 表示节点 i 和 j 之间经过的拓扑线路数目。

5.3 城市地铁网络结构连通脆弱性仿真结果分析

5.3.1 关键节点、边识别

5.3.1.1 关键节点识别

分别用 3 种节点蓄意攻击策略攻击网络,能够造成故障规模相对值最小的攻击策略对

应的节点为关键节点。图 5.2 为 40 次试验的 DTA^V、B^LTA^V、B^TTA^V 节点蓄意攻击策略下的网络平均最短路径效率故障规模相对值的平均值曲线,由图可见,在 DTA^V 蓄意攻击策略下,故障规模扩展速度最快。图 5.3 和图 5.4 分别为 40 次试验的 3 种节点蓄意攻击策略下的网络平均最小换乘次数效率和网络最大连通 OD 数目故障规模相对值,3 种网络性能评价指标得到的结论相同,DTA^V 蓄意攻击策略造成的故障规模相对值扩展速度最快,且故障规模最大,因此认为线路度最大的节点相比介数最大的节点更加关键。

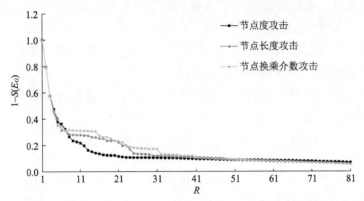

图 5.2 DTA^V、B^LTA^V、B^TTA^V 攻击策略下 40 次试验的 $1-S(E_G)$

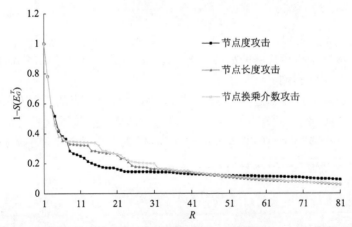

图 5.3 DTA^V、B^LTA^V、B^TTA^V 攻击策略下 40 次试验的 $1-S(E_G^T)$ 相对值

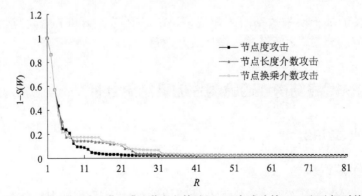

图 5.4 DTA^V、B^LTA^V、B^TTA^V 攻击策略下 40 次试验的 $1-S(W)$ 相对值

5.3.1.2 关键边识别

分别用2种边蓄意攻击策略攻击网络,能够造成故障规模相对值最小的攻击策略对应的边为关键边。图5.5为40次试验的2种边蓄意攻击策略下的网络平均最短路径效率故障规模相对值的平均值曲线。由图可见,在$B^T TA^E$攻击策略下,故障规模扩展速度最快。图5.6和图5.7分别为40次试验的$B^L TA^E$和$B^T TA^E$攻击策略下的网络平均最小换乘次数效率和网络最大连通OD数目故障规模相对值,2种网络性能评价指标得到的结论相同,$B^T TA^E$蓄意攻击策略造成的故障规模相对值扩展速度最快,且故障规模最大,因此认为换乘介数最大的节点相比路径长度介数最大的边更加关键。

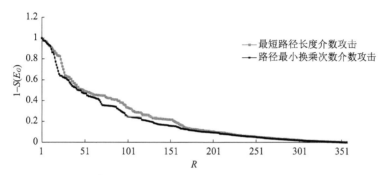

图5.5 $B^L TA^E$和$B^T TA^E$攻击策略下40次试验的$1-S(E_G)$相对值

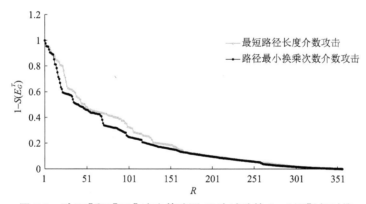

图5.6 $B^L TA^E$和$B^T TA^E$攻击策略下40次试验的$1-S(E_G^T)$相对值

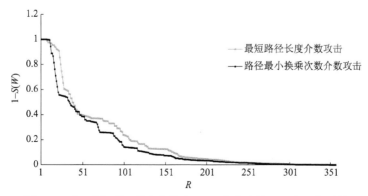

图5.7 $B^L TA^E$和$B^T TA^E$攻击策略下40次试验的$1-S(W)$相对值

5.3.2 不同拓扑结构 UMNS 结构脆弱性评价

5.3.2.1 构造生成 6 种拓扑结构类型的地铁网络

首先研究放射型、网格型、星型、放射＋环型、网格＋环型、星型＋环型 6 种地铁网络拓扑结构在节点随机删除和节点度蓄意攻击策略下的脆弱性表现,由地铁网络演化模型生成 6 种拓扑结构的地铁网络仿真模型基本信息见表 5.2,网络拓扑结构图见图 5.8。拓扑结构类型由线路游走方式决定,交叉游走方向与接入线路的方向之间的角度介于 0～90°之间;正交游走方向与接入线路的方向之间的角度为 90°;星型游走的线路选择同一个旧站点作为接入点。网络的总线路数目为 12 条,在含有环型线路的网络中,包含 1 条环型线路、8 条径向型线路和 3 条分支型线路;在不含有环型线路的网络中,包含 9 条径向型线路和 3 条分支型线路。径向型线路的站点数目设置为 18,分支型线路的站点数目为径向型线路站点数目的 1/2,环型线路数目不固定。由演化模型生成的 6 种不同拓扑结构类型的模拟地铁网络的节点数目接近,在[161,177] 之间,因此认为网络的规模相同。本节只研究不同拓扑结构的脆弱性表现,而不考虑标度系数对脆弱性的影响。

5.3.2.2 随机故障和蓄意攻击的仿真结果比较

考虑两种引发相继故障的策略:节点随机故障和节点度蓄意攻击。也就是说,随机选择一个节点,或者选择度最大的节点,对它的状态施加扰动数量 $R \geqslant 1$,考察网络中最终有多少节点会受之影响发生故障。

定义一个相继故障规模的相对值 $S = \Delta P / P^0$,网络性能的 P^0 表示网络的初始性能, ΔP 表示连续攻击结束后网络性能的下降规模。分别用网络平均最短路径长度的效率(E_G)、网络平均最小换乘次数的效率(E_G^T)和网络的最大连通 OD 数目(W) 3 个指标评价网络的性能,对应的故障规模相对值分别为 $S(E_G)$、$S(E_G^T)$、$S(W)$。

由演化模型生成的 6 种拓扑结构类型的仿真地铁网络对节点度蓄意攻击和节点随机故障的脆弱性表现如图 5.9～图 5.11 所示,其中横坐标表示施加的扰动数量 R,假设节点的恢复能力为 0,攻击程度为 100%,即受攻击部分完全失效,线路不连通,列车在中断车站两侧分段运营;纵坐标表示连续攻击结束时网络性能相对值($1-S$)。

图 5.9 是针对 6 种拓扑结构类型的地铁网络,在连续攻击结束时网络平均最短距离效率相对大小与扰动数量 R 的关系图。图 5.9(a)和图 5.9(b)分别显示了节点度蓄意攻击和节点随机故障情况下,$1-S$ 与 R 的关系曲线。图 5.9(b)是 40 次试验的平均值,方形标记线表示放射型网络,三角形标记线表示网格型网络,十字形标记线表示星型网络,米字形标记线表示放射＋环型网络,圆形标记线表示网格型＋环型网络,一字形标记线表示星型＋环型网络。

可以看出,在节点度蓄意攻击的情况下,星型网络和星型＋环型网络有显著的 R_C,当 $R=1$ 时,两种拓扑结构类型中的故障规模分别达到了 80% 和 40%;当 R 由 R_C 增加时,故障相对规模 S 很快就上升至 1 或非常接近于 1。当 $R=5$ 时,放射型网络的故障规模达到了 50%,而网格型网络、放射型＋环型、网格型＋环型的故障规模为 40%。当 $R=7$ 时,放射型网络的故障规模为 72%,网格型网络的故障规模为 57%,放射型＋环型网络的故障规模为 42%,网格＋环型的故障规模为 51%,说明含有环线的网格型和放射型网络的故障规

5 城市地铁网络结构连通脆弱性评价

模增

表 5.2 6 种拓扑结构的地铁网络仿真模型基本信息表

演化网络名称	L	M	R	线路游走方式		径向:分支比例	V	E	经过节点的线路数分布				$f(x)=(x+a)^b$		网络性能指标		
				游走方式	环型线路比例				1	2	3	4	a	b	W_{normal}	E_{normal}	E_{normal}^T
放射型	12	18	0	交叉游走	0	0.7:0.3	162	178	0.8704	0.0926	0.0186	0.0185	0.0424	-3.34	26 082	0.1247	0.1815
网格型	12	18	0	正交游走	0	0.7:0.3	166	180	0.8554	0.1325	0.0120	0	0.0543	-2.945	27 390	0.1234	0.1731
星型	12	18	0	星型游走、交叉游走	0	0.7:0.3	177	180	0.9605	0.0339	0	0	0.0083	-4.852	31 152	0.1428	0.1746
放射型+环型	12	18	6	交叉游走+环线	0.08:0.92	7:03	161	184	0.8137	0.1615	0.0186	0.0062	0.0791	-2.69	25 760	0.1378	0.1830
网格型+环型	12	18	6	正交游走+环线	0.08:0.92	7:03	162	180	0.8272	0.1605	0.0123	0	0.0726	-2.693	26 082	0.1322	0.1736
星型+环型	12	18	6	星型游走、交叉游走+环线	0.08:0.92	0.7:0.3	168	185	0.8810	0.1012	0.0119	0	0.0391	-3.298	25 440	0.1601	0.1900

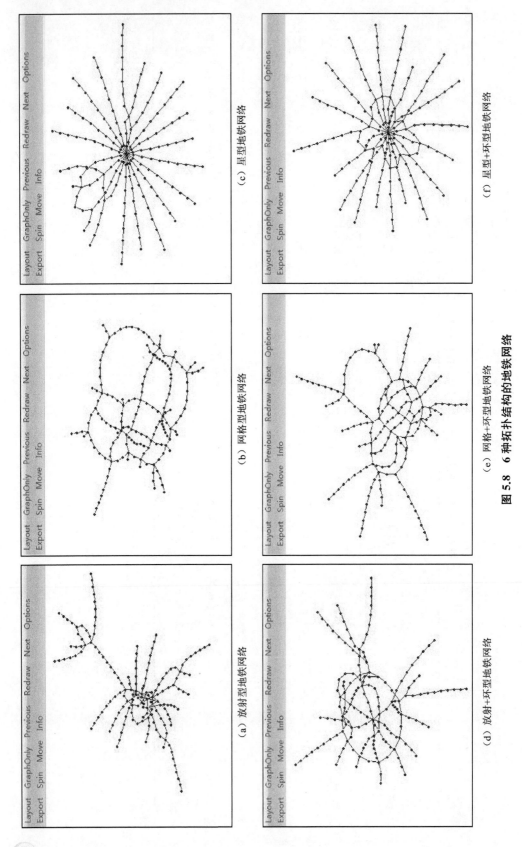

图 5.8 6 种拓扑结构的地铁网络

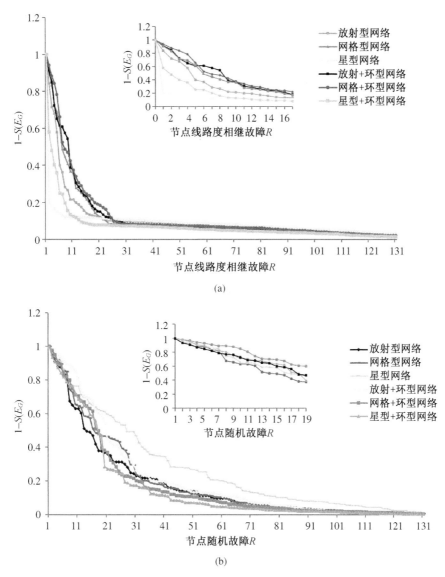

图 5.9 6种拓扑结构地铁网络在节点度蓄意相继攻击和节点随机相继故障情况下的
网络平均最短路径效率相对值$S(E_G)$和扰动数量R之间的关系曲线

长速度要小于不含有环线的网格型和放射型网络。从线路游走方式来看,星型网络中的大部分线路由于汇集于城市中一个重要中心性车站,使得该车站的节点度在网络中最高,当以节点度最大作为蓄意攻击策略时,该节点首先被删除,由于网络中存在极为少量的其他换乘站点,使得网络中无法连通的 OD 对急剧增加,导致星型网络、星型+环型网络在节点度蓄意攻击的情况下,表现出显著的脆弱性;与放射型、放射+环型网络相比,网格型、网格+环型网络的故障规模随着扰动数量的增加,较为均匀地增长,没有出现明显的阈值R_C,使得故障规模出现跳跃性增长。由此可以说明,正交游走形成的网络中闭合圈为四边形的网络,在节点度蓄意攻击的相继故障情况下,比交叉游走形成的网络中闭合圈为三角形的网络更加鲁棒。

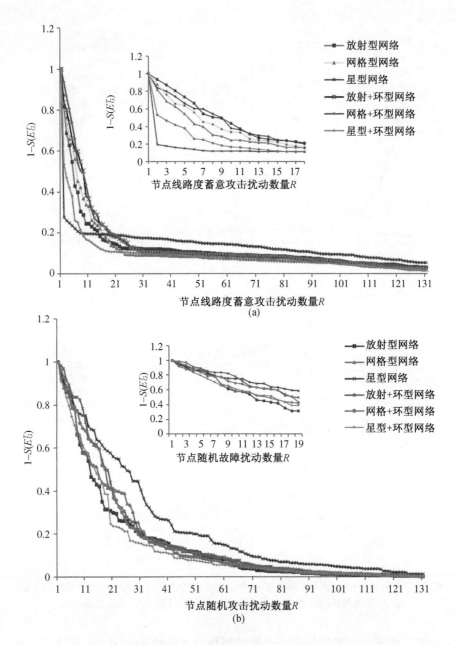

图 5.10　6 种拓扑结构地铁网络在节点度蓄意相继攻击和节点随机相继故障情况下的网络最小换乘效率相对值和扰动数量 R 之间的关系曲线

在节点随机故障的情况下，6 种拓扑结构 $(1-S)-R$［如图 5.9(b)］曲线下降得相对缓慢，说明在给定 R 的情况下，蓄意攻击造成的破坏要比随机故障严重。此外，由图 5.9 可以看到，当 $R=19$ 时，节点随机故障造成的故障规模在小于 60%，而节点度蓄意攻击造成的故障规模大于 90%，说明在给定 R 的情况下，节点度蓄意攻击所造成的破坏扩散速度也比随机故障快，蓄意攻击模式引发的相继故障进程更加剧烈，由此进一步表明，由于地铁网络的非均匀性，施加在中心节点上的扰动会快速在网络中传播。

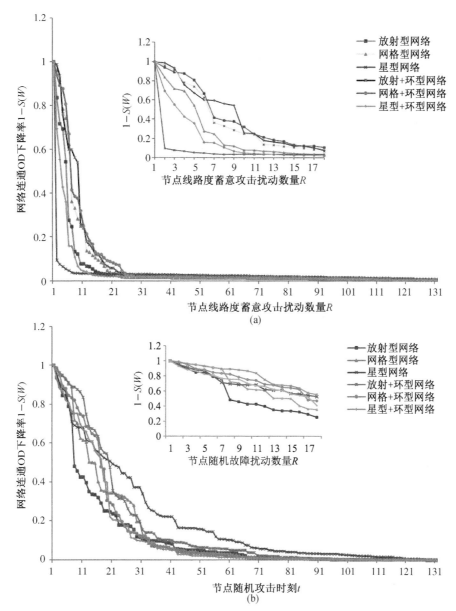

图 5.11 6 种拓扑结构地铁网络在节点度蓄意相继攻击和节点随机相继故障情况下的网络最大连通 OD 数目相对值和扰动数量 R 之间的关系曲线

此外,不含有环线的星型网络、放射型网络、网格型网络,节点随机攻击造成的破坏扩展速度比含有环线的网络要更加缓慢,说明在非均匀网络中,相对均匀的网络,如星型地铁网络,含有的节点度较大的点相对较少,网络中的大部分站点只有一条运行线路经过,这些站点被随机选到的概率相对较小,因此对随机故障表现出更强的鲁棒性。

图 5.10 和图 5.11 分别表示以网络平均最小换乘次数和网络最大连通 OD 数目作为网络性能评价指标的 $(1-S)$-R 曲线图。在给定 R 的情况下,$S(E_G^T)$ 的扩展速度与 $S(E_G)$ 接近,但故障规模要小于 $S(E_G)$。由于地铁网络的换乘车站数目相对非换乘车站数目要少得多,一个 OD 对在正常和故障情况下换乘次数在 $[0, V^T]$ 之间,以东京地铁为例,在 52 个

地铁网络中,东京地铁含有的换乘车站比例最高,达到了 26%,即使达到最大换乘次数,$1/V^T$ 也要远大于 $1/V$,因此,以网络平均最小换乘次数作为网络性能评价指标的故障规模小于以网络平均最短路径长度作为网络性能评价指标的故障规模。由图 5.10(a)和图 5.9(a)可以看到,当 $R=11$ 时,$S(E_G)$ 的最大值达到了 90%,而 $S(E_G^T)$ 的最大值为 80%,实验结果更加清楚地反映了这一点。

对于网络最大连通 OD 数目,当网络中的唯一一个换乘站点发生故障时,网络被分割成以线路为单位的连通小片段,所有不在一条线路上的 OD 对无法连通,且经过故障站点的线路也被分割成两部分,彼此不连通,网络的最大连通 OD 数目骤减,如图 5.11(a),当 $R=1$ 时,星型网络的最大连通 OD 数目由 31 152 减少到 2 933,骤减 90%。以上说明,在指定 R 的情况下,$S(W)$ 故障规模和扩展速度要大于 $S(E_G)$ 和 $S(E_G^T)$。

5.3.3 网络非均匀性的影响

5.3.3.1 构造生成不同标度系数的放射型地铁网络

本节对由相同择优机制和游走规则演化生成的相同拓扑结构类型、同等规模(线路初始节点数目相等)的不同标度系数的地铁网络结构脆弱性进行评价,以探究由标度系数决定的网络异质程度对随机攻击和节点度蓄意攻击情况下的脆弱性表现。

首先,定义幂指数为 λ,$\lambda=-b$。由地铁网络演化模型生成 $\lambda=2.4$,$\lambda=3.1$,$\lambda=4.0$ 的放射型地铁网络,标度系数由度分布约束程序控制,仿真模型基本信息见表 5.3,拓扑结构图见图 5.12。

5.3.3.2 放射型网络非均匀性对相继故障的影响

放射型地铁网络,在节点度蓄意攻击情况下,R_C 随着 λ 的增长而减小,如图 5.13 所示的 $S(E_G)$-R 曲线更加清晰地反映了这一点。在幂指数 λ 由 2.5 增加到 4.0 时,蓄意攻击对应的扰动阈值随之减小。以故障规模达到 60% 为网络瘫痪阈值,对于 $\lambda=2.4$ 的放射型地铁网络,其对应的 $R_C=8$;对于 $\lambda=3.1$ 的放射型地铁网络,其对应的 $R_C=5$;对于 $\lambda=4.0$ 的放射型地铁网络,其对应的 $R_C=2$。也就是说,当蓄意删除 8 个经过线路数目最多的地铁车站,就能够使一个幂指数 $\lambda=2.4$ 的地铁网络瘫痪,幂指数越大,能够使网络瘫痪而删除的车站数目越少。由此可见,当网络的非均匀性增强,网络的幂指数减小,网络中存在的关键换乘节点越多,一个 OD 对的可达路径越多,蓄意破坏其中一个关键换乘节点时,还存在其他可达路径,使得非均匀性越强的地铁网络对蓄意攻击的鲁棒性越强。当网络的非均匀性越弱,网络的幂指数越大,网络中大部分站点为非换乘站点,只有一条线路经过,关键换乘节点只占极少数部分,一个 OD 对的可达路径越少,一旦少数关键换乘节点遭到蓄意破坏,OD 对不连通,使得非均匀性越低的地铁网络对蓄意攻击的脆弱性越高。

在节点随机故障的情况下,放射型地铁网络的 R_C 随着 λ 的增长而增大,该现象与蓄意攻击情况下的表现恰好相反。图 5.14 中的数据是 40 次随机故障试验的平均值,节点随机故障情况下的 $S(E_G)$-R 曲线更加说明了这一点。在幂指数由 2.4 增加到 4.0 时,随机故障的扰动阈值随之增加。以故障规模达到 60% 为网络瘫痪阈值,对于 $\lambda=2.4$ 的放射型地铁网络,其对应的 $R_C=16$,随机删除 16 个车站将导致地铁网络瘫痪;对于 $\lambda=3.1$ 的放射型地铁网络,其对应的 $R_C=27$,随机删除 27 个车站将导致地铁网络瘫痪;对于 $\lambda=4.0$ 的放射

5 城市地铁网络结构连通脆弱性评价

表 5.3 不同标度系数的放射型地铁网络仿真模型基本信息

演化网络名称	线路数目	径向线路站点数目	线路游走方式			径向：分支比例	是否含有度约束	网络节点数目	连接数目	$f(x)=(x+a)^b$	
			半径	游走方式	环型线路比例					a	b
1-4	12	15	0	交叉游走	0	1	0.7722:0.2152:0.1270	140	165	0.1102	−2.466
1-10	12	15	0	交叉游走	0	1	0.6822:0.2752:0.1270:0.0300	156	168	0.04755	−3.099
1-11	12	15	0	交叉游走	0	1	0.7427:0.1602:0.068:0.0194	164	168	0.01898	−4.041

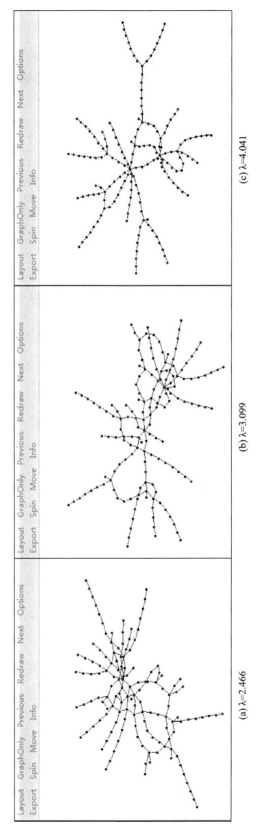

图 5.12 不同标度系数的放射型地铁网络拓扑结构图

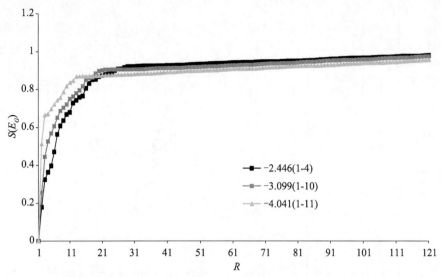

图 5.13 放射型网络非均匀性对节点度蓄意攻击情况下的 $S(E_G)$-R 曲线的影响

型地铁网络,其对应的 $R_C=22$,随机删除 22 个车站,将导致地铁网络瘫痪。由此可见,与蓄意攻击相反,网络的非均匀程度大小与随机攻击的故障规模成正比。网络的非均匀性增强,幂指数增大,网络中含有的关键换乘站点数目越多,随机选中关键节点的概率越大;网络的非均匀程度越小,网络中含有关键换乘车站的比例越小,以均匀概率随机选中换乘站点的概率就越小;对于给定 R 的情况下,破坏关键节点导致的故障规模要大于非换乘站点被破坏而导致的故障规模,因此,非均匀性对随机故障表现得更加脆弱。

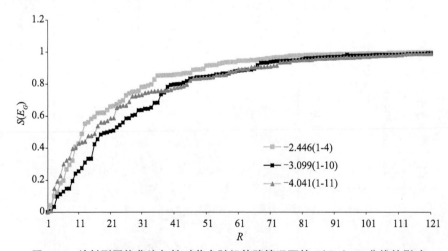

图 5.14 放射型网络非均匀性对节点随机故障情况下的 $S(E_G)$-R 曲线的影响

5.3.3.3 构造生成不同标度系数的放射+环型地铁网络

进一步以放射+环型网络为例,选取与上一节不同的标度系数与拓扑结构类型,以证明以上两点结论具有普遍性。由地铁网络演化模型生成 $\lambda=2.4$,$\lambda=2.8$,$\lambda=3.5$ 的 3 个放射+环型地铁网络,仿真建模基本信息见表 5.4,拓扑结构图见图 5.15。

5 城市地铁网络结构连通脆弱性评价

表 5.4 不同标度系数的放射+环型地铁网络仿真模型基本信息表

演化网络名称	L	径向线路站点数目	R	线路游走方式		径向：分支比例	环型线路比例	是否含有度约束	V	E	$f(x)=(x+a)^b$	
				游走方式	交叉游走						a	b
2-2-2	12	18	6	交叉游走	0.08:0.92	0.293 75		否	159	183	0.070 96	−2.832
2-2-3	12	18	6	交叉游走	0.08:0.92	0.293 75		否	164	176	0.033 72	−3.506
2-2-7	12	18	6	交叉游走	0.08:0.92	0.7:0.3		否	153	187	0.193	−2.435

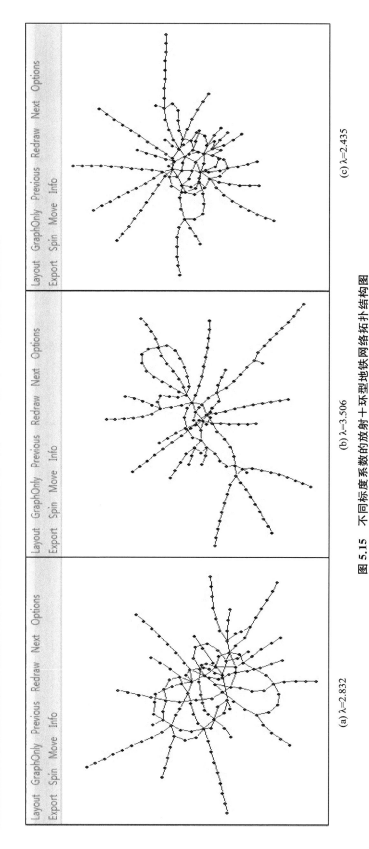

图 5.15 不同标度系数的放射+环型地铁网络拓扑结构图
(a) λ=2.832　(b) λ=3.506　(c) λ=2.435

5.3.3.4 非均匀性对 UMNS 连通脆弱性的影响

在节点度蓄意攻击情况下，R_C 随着 λ 的增大而减小，如图 5.16 所示的放射＋环型地铁网络的 $S(E_G)$-R 曲线也表现出该特征。在幂指数 λ 由 2.4 增加到 3.6 时，蓄意攻击对应的扰动阈值随之减小。以故障规模达到 60% 为网络瘫痪阈值，对于 λ＝2.4 的放射＋环型地铁网络，其对应的 R_C＝11；对于 λ＝2.8 的放射型地铁网络，其对应的 R_C＝6；对于 λ＝3.6 的放射型地铁网络，其对应的 R_C＝4。也就是说，当蓄意删除 11 个经过线路数目最多的地铁车站，能够使一个幂指数 λ＝2.4 的地铁网络瘫痪，幂指数越大，能够使网络瘫痪而删除的车站数目越少。由此可见，当网络的非均匀性增强，网络的幂指数减小，网络中存在的关键换乘节点越多，一个 OD 对的可达路径越多，蓄意破坏其中一个关键换乘节点时，还存在其他可达路径，使得非均匀性越强的地铁网络对蓄意攻击的鲁棒性越强。当网络的非均匀性越弱，网络的幂指数越大，网络中大部分站点为非换乘站点，只有一条线路经过，关键换乘节点只占极少数部分，一个 OD 对的可达路径越少，一旦少数关键换乘节点遭到蓄意破坏，OD 对不连通，使得非均匀性越低的地铁网络对蓄意攻击的脆弱性越高。

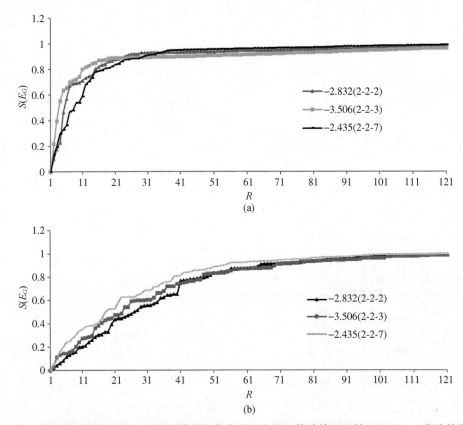

图 5.16 放射＋环型网络非均匀性对节点度蓄意攻击和随机故障情况下的 $S(E_G)$-R 曲线的影响

在节点随机故障的情况下，放射＋环型地铁网络的 R_C 随着 λ 的增大而增大，该现象与蓄意攻击情况下的表现恰好相反。图 5.16(b) 中的数据是 40 次随机故障试验的平均值，节点随机故障情况下的 $S(E_G)$-R 曲线更加说明了这一点。在幂指数由 2.4 增加到 3.6 时，随机故障的扰动阈值随之增加。以故障规模达到 60% 为网络瘫痪阈值，对于 λ＝2.4 的放射

＋环型地铁网络,其对应的 $R_C=22$,随机删除22个车站将导致地铁网络瘫痪;对于 $\lambda=2.8$ 的放射＋环型地铁网络,其对应的 $R_C=34$,随机删除34个车站将导致地铁网络瘫痪;对于 $\lambda=3.6$ 的放射＋环型地铁网络,其对应的 $R_C=29$,随机删除29个车站,将导致地铁网络瘫痪。由此可见,与蓄意攻击相反,网络的非均匀程度大小与随机攻击的故障规模成正比。网络的非均匀性增强,幂指数减小,网络中含有的关键换乘站点数目越多,随机选中关键节点的概率越大;网络的非均匀程度越小,网络中含有关键换乘车站的比例越小,以均匀概率随机选中换乘站点的概率就越小;对于给定 R 的情况下,破坏关键节点导致的故障规模要大于非换乘站点被破坏而导致的故障规模,因此,非均匀性对随机故障表现得更加脆弱。

5.4 本章小结

本章通过3种节点蓄意攻击策略和2种边蓄意攻击策略对网络进行攻击,破坏节点度最大的节点造成的网络平均最短路径长度效率、网络平均最小换乘次数效率和网络最大连通OD数目的故障规模大于破坏节点介数最大的节点,且故障规模扩展速度最大;破坏换乘介数最大的边造成的3种网络性能评价指标的故障规模要大于破坏路径长度介数最大的边,且故障规模扩展速度也较大。因此认为线路度较大的节点和换乘介数较大的边更加关键。

通过对6种典型的城市地铁网络结构进行节点线路度蓄意攻击和节点随机故障,发现环型＋网格型网络对节点线路度蓄意攻击表现得更加鲁棒,环型＋放射型网络次之;相同游走方式的网络,不含有环线的网络相比含有环线的网络对蓄意攻击更加脆弱;星型网络、星型＋环型网络在6种拓扑结构网络中,对蓄意攻击最脆弱,但对于随机攻击,却表现出了鲁棒性。对于相同结构的网络,非均匀性越高,对蓄意攻击越鲁棒,对随机攻击越脆弱。

6 基于动态随机非平衡配流的地铁网络结构脆弱性评价

复杂网络上的博弈、合作、同步、搜索、随机游走、疾病传播等动力学行为,都在很大程度上受到拓扑结构的影响,不同结构的网络,其动力学行为表现出明显的、本质上的差异[195]。基于拓扑线路的轨道交通网络,是一个既具有无标度特性,又具有小世界特性的复杂网络,人流在网络上的活动以及扰动对网络造成的不利影响的扩散都是网络的动力学表现。

交通系统的天然属性是提供运输服务,因此,乘客系统也是地铁网络系统必不可少的部分,从乘客延误角度研究网络结构脆弱性,能够解释目前存在于地铁网络的早晚高峰、大型体育赛事及恐怖袭击或自然灾害情况下乘客延误的传播和消散问题。从网络提供的服务角度,考虑乘客系统与结构系统之间的相互作用,即基于动态承载能力的延误传播的地铁网络结构脆弱性,能够揭示在乘客系统的作用下,各种结构类型、异质程度的网络的脆弱性表现。因此,基于动态流量分配的地铁网络脆弱性评价更具有实际应用价值。在第5章从网络拓扑结构连通性角度对不同结构类型的地铁网络的脆弱性评价的基础上,本章基于车厢拥挤、发车频率和容量限制的出行费用和多用户多准则的 Logit 动态配流模型,研究在车站或区间故障情况下,造成的乘客到达率和乘客延误程度;探究地铁网络拓扑结构类型、网络异质程度与从乘客延误角度出发的结构脆弱性之间的关系。

6.1 从乘客延误角度出发的地铁网络脆弱性研究评述

在交通网络受到攻击后,对功能脆弱性的量化有两种方法:一种是从静态角度出发,不考虑乘客的出行行为与出行费用(出行时间、换乘次数、拥挤程度)之间的动态关系,假设任意一个 OD 对间的出行需求不变(流量不变),只考虑由于原来的路径不能使用而使用新路径所增加的成本,或者网络上总的成本的增加;另一种是从动态角度出发,考虑由于容量限制而导致的拥挤、延误,以及新的最短路径出行费用对出行选择的影响,即出行成本与流量存在动态关系。从实际角度来看,在拥堵情况下,采用出行费用随着流量的变化而变化的动态分配模型[189],能够更加合理地反映交通网络的真实情况。

国内外关于地铁网络脆弱性研究还处于起步阶段,学者的关注点集中在地铁网络拓扑结构的复杂性特征及拓扑结构连通脆弱性评价,基于乘客行为的地铁网络脆弱性研究相当少。有学者研究了故障情况下某条地铁线路的发车频率降低而导致网络中的乘客发生滞留和拥挤。文章采用使用者均衡配流模型对地铁网络早高峰时段内的乘客流量进行静态分配,以全网不能上车的乘客数目作为评价故障造成的影响程度。关键线路定义为由于发车频率降低而对整个网络造成重大影响的线路。关键站点定义为由于故障导致某一条线路的发车频率降低,而使得车站发生过度拥挤,评价指标为乘客满意度[82]。

除此之外,大多数研究都是关于道路交通网络脆弱性,这些研究的关注点集中在路径费用模型和流量分配模型方面,可以概括为在交通网络受到扰动的情况下,考虑拥挤的路径费用模型[91-92,95,97,99,113-116],不考虑拥挤的费用模型[88,100,105-112],采用用户最优的流量分配模型[88-89,93,100,107,112,113,116-121],系统最优的流量分配模型[107],Logit模型[94,97,122],全有全无分配法[106,110],随机概率分配模型[106,115],动态用户最优模型[84,99],动态随机配流模型[123],以及基于博弈论的流量分配模型[124-130]。

本章从动态随机非平衡配流的两个重要方面——地铁网络的乘客出行费用模型和配流模型,提出从乘客延误角度的地铁网络结构脆弱性评价方法。

6.2 基于拥挤、发车频率和容量限制的出行费用模型

6.2.1 已有文献回顾

在城市轨道交通网络中,乘客在 OD 对之间选择路径的考虑因素主要包括时间、换乘、价格以及舒适度。其中时间、价格、换乘次数可以定量表示,而舒适度以及对换乘的偏好为定性因素。因此,在已有文献中,乘客的出行费用模型的主要差别在于这些不确定费用项方面。

刘剑锋基于乘客对换乘时间和换乘次数的不同敏感性,将换乘次数作为一个独立的因素作为出行费用构成项,构造路径广义费用,最后通过变化换乘时间惩罚系数和换乘次数惩罚系数来观察其对流量分布结果的影响[199]。广义费用模型包括:

(1) 乘车时间:地铁列车在区间的运行时间和在站台乘降客时间,与乘客属性无关。区间运行时间相对固定,因此,将其设定为常数;列车在站台乘降客时间为列车停站后提供乘客上下车的时间,与区间运行时间类似,也作为常数处理。

(2) 换乘时间:包括换乘步行时间和换乘等待时间。为简化计算,换乘等待时间取发车间隔的 1/2,发车间隔取所有线路平均发车间隔 5 分钟;换乘步行时间标定为常数。

(3) 换乘时间惩罚:根据乘客在轨道交通中出行心理及行为,乘客对换乘的心理感觉时间要比乘车时间长,因此,存在换乘时间惩罚费用系数 $a_n(a_n<1)$。

(4) 换乘次数惩罚:在轨道交通出行中,乘客对换乘时间和换乘次数有不同程度的敏感性。随着换乘次数的增加,乘客的感知费用呈幂指数增加,换乘次数惩罚系数定义为 $(n_{i,k}^{rs})^\beta$。

此外,刘剑锋认为不同类型的乘客具有不同的路径费用理解模型。假定用 N 表示所有 OD 对需求中乘客类型集合。乘客在进行路径的选择过程中,不考虑 OD 对之间全部的理论路径,而只会考虑其中的部分路径,可将这部分路径称为有效路径。假定在地铁网络中的某个 OD 对 rs 间,对于第 n 类乘客而言,其可能选择的有效路径集合为 K_{rs}^n,用 $D_{k,n}^{rs}$ 表示第 n 类乘客对第 k 条有效路径的理解费用;根据问卷交叉结果,将乘客分为 8 类,各类对应的参数值见表 6.1。

表 6.1　各乘客属性分类参数值

年龄	出行目的	性别	类型	换乘时间惩罚系数	换乘次数惩罚系数	步行速度
中青年	通勤或公务	男	1	0.421	1.848	1.2
		女	2	0.421	1.848	1
	自由出行	男	3	0.821	2.548	1
		女	4	0.821	2.548	0.75
老年	通勤或公务	男	5	1.621	3.048	0.75
		女	6	1.621	3.048	0.5
	自由出行	男	7	2.821	5.148	0.5
		女	8	2.821	5.148	0.3

上述费用模型没有考虑乘车拥挤度对乘客路径选择的影响,因此,刘剑锋提出了考虑车内拥挤的流量分配模型,在上述模型的基础上,增加一项车内拥挤惩罚费用,认为当流量超过列车的座位数时,拥挤造成的不舒适感呈幂律形式增长。但最终该模型没有考虑不同乘客类型对拥挤的感知[196],以及由于列车承载能力的限制而导致的站台候车延误。

Schmocker 和 Shimamoto 等将站台上由于承载能力限制导致的站台乘客滞留的可能性看作是车厢容量、过站乘客和待上车乘客的函数:

$$q_{\text{fail-board}} = 1 - \max\left[\min\left(\frac{c_{\text{capcity}} - x_{\text{on-board}}}{X_{\text{demand}}}, 1\right), 0\right] \quad (6-1)$$

其中,$q_{\text{fail-board}}$ 表示在车站 i 不能登上车的概率;$x_{\text{on-board}}$ 表示经过车站 i 的乘客数目;x_{demand} 表示在车站 i 等候上车的乘客数目;C_{capcity} 表示车厢容量。该模型中没有考虑车厢内的拥挤费用。

6.2.2　基于拥挤、发车频率和容量限制的地铁网络出行费用模型

根据以上分析,影响乘客路径选择因素有旅行时间因素、服务质量因素和其他影响因素[197]。旅行时间因素是指乘客从出发站到终点站所需的全部时间,包括运行时间和换乘时间两部分。实际乘客在选择出行路径时,时间因素是最容易感知的,因此本书在描述乘客出行时,以时间作为其综合出行阻抗,并将其他影响因素均转化成与时间相关的数值,以此阻抗值作为乘客选择路径的核心依据。

列车的运行时间是指乘客从上车开始到下车为止的时间,包括区间运行时间和列车停站时间。换乘时间是指乘客在换乘站的换乘总时间,包括换乘走行时间和换乘候车时间。服务质量因素包括车厢拥挤惩罚、站台候车惩罚和换乘次数惩罚。基于此,本书提出广义费用模型如下:

未知数、参数说明:

$x_{\text{on-board}}$:表示经过车站 i 的乘客数目;

x_{boarding}:通过链接 a 的乘客数目;

x_{demand}:在车站 i 等候上车的乘客数目;

x_{board}:在车站 i 上车的乘客数目;

$x_{\text{fail-board}}$:在车站 i 未能上车的乘客数目。

A、B、Ψ、γ 为参数。

乘客从始发点 A 出发到达 D(如图 6.1),选择 1 号线,在站点 C 换乘到 2 号线,最后到达 D,依次发生的费用包括 A 站进站时间(Walking Arcs)、A 站台候车时间、AB 站间行驶时间(Line Arcs)、B 站台停站时间(Stopping Arcs)、BC 站间行驶时间、C 站换乘等车时间、CD 站间行驶时间、D 站出站时间,和车厢拥挤费用、换乘次数费用、车站由于车厢容量限制不能上车产生的延误时间的惩罚费用。

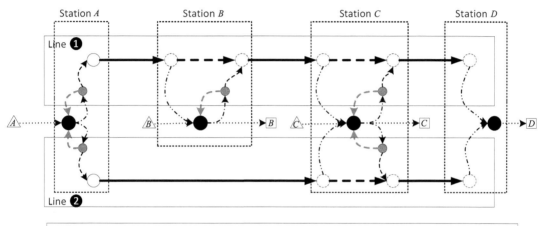

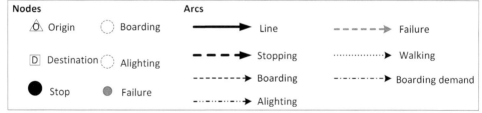

图 6.1 完成一次出行的费用构成

进站时间: $t_{\text{access}} = \dfrac{D}{S_{\text{walking}}}$ (本书暂不考虑);

出站时间: $t_{\text{egress}} = \dfrac{D}{S_{\text{walking}}}$ (本书暂不考虑);

站台候车时间: $w_{ip} = \dfrac{a}{f_{il}}$, a 为乘客到站时间参数,一般取 0.5,认为乘客到站服从均匀分布,f_{il} 表示线路 l 在车站 i 的频率;

站间行驶时间: $t_{\text{on-board}} = \dfrac{d_{ij}}{S_{\text{train}}}$,本书为了比较不同结构类型网络的脆弱性表现,故将所有区间的行驶时间设为常数 4 分钟;

站台停站时间: t_{stop} 换乘车站 45 秒,非换乘车站 30 秒;

换乘时间: $t_{\text{transfer}} = \dfrac{D}{S_{\text{walking}}}$,本书为了简化,将换乘时间设为常数;

车厢拥挤费用：

$$C_{\text{on-board}} = \begin{cases} A\left(\dfrac{x_{\text{boarding}} - X_{\text{seat}}}{C_{\text{capacity}}}\right)^{\eta} & X_{\text{seat}} < x_{\text{boarding}} < C_{\text{capacity}} \\ A\left(\dfrac{C_{\text{capacity}} - X_{\text{seat}}}{C_{\text{capacity}}}\right)^{\eta} + B\left(\dfrac{x_{\text{boarding}} - C_{\text{capacity}}}{C_{\text{capacity}}}\right)^{\mu} & x_{\text{on-board}}/C_{\text{capacity}} > 1 \end{cases}$$

换乘费用：$C_{\text{transfer}} = \gamma t_{\text{transfer}}$，$\gamma$ 为换乘放大系数，一般取 0.6。

由于容量限制不能上车的延误费用：$C_{\text{delay}} = \Psi \dfrac{1}{\sum_{i} f_{il}} \left(\dfrac{C_{\text{capacity}} - X_{\text{on-board}}}{X_{\text{demand}}}\right)^{\lambda}$

路径 P 的总出行费用为：

$$g_{ij}^{r} = \sum_{i \in r} W_{ip} + \sum_{a \in r} t_{\text{on-board}}^{a} + \sum_{i \in r} t_{\text{stop}}^{i} + \sum_{i \in r} t_{\text{transfer}}^{i} \\ + \sum_{a \in r} C_{\text{on-board}}^{a} + \sum_{i \in r} \gamma t_{\text{transfer}} + \sum_{i \in r} C_{\text{delay}}^{i} \tag{6-2}$$

按照刘剑锋提出的不同类型的乘客具有不同的路径费用理解模型。假定用 N 表示所有 OD 对需求中乘客类型集合。乘客在进行路径的选择过程中，不考虑 OD 对之间全部的理论路径，而只会考虑其中的部分路径，可将这部分路径称为有效路径。假定在地铁网络中的某个 OD 对 rs 间，对于第 n 类乘客而言，其可能选择的有效路径集合为 K_{rs}^{n}，用 $D_{k,n}^{rs}$ 表示第 n 类乘客对第 k 条有效路径的理解费用。

在乘客的出行过程中，出行者一般以自身出行的费用最小为目标，在网络中试图选择最佳出行路径。但由于个人习惯不同，效用认同度不同，因此对路径的选择体现出较强的随机性。一般研究人员将乘客分为三类：激进型、一般型和保守型。激进型乘客喜欢经常性地改变其出行路径，只要能节省出行费用，这类人对费用节省非常敏感，较小的费用节省都会促使其改变当前路径；一般型出行者在某些情况下会改变其出行路径，但他们没有激进型乘客那么敏感；保守型出行者则与激进型乘客恰好相反，没有特殊情况他们不会改变当前路径[198]。

6.3 动态 Logit 配流模型

6.3.1 城市地铁网络配流模型评述

确定性交通均衡流量分配问题假定出行者了解交通网络的全部信息，并能精确计算各条路径的出行成本。实际上出行者对道路出行成本只是有一个大致估计，这与道路实际出行成本之间必然存在误差。该误差为随机变量，其前提是认为出行者对路段阻抗的估计值与实际值之间的差别是一个随机变量，出行者会在"多条径路"中选择，同一起讫点的流量会通过不同的路径到达目的地。

地铁网络客流分配问题，即乘客如何在多条路径之间决策的问题。在地铁网络配流研究中使用的配流模型如表 6.2 所示。

表 6.2 已有的地铁网络路径流量分配模型

类别	是否考虑拥挤	路径流量分配模型	文献
Logit 模型	是	$P_r^q = \dfrac{\exp(-\theta c_r^q / c_r^l)}{\sum_q \exp(-\theta c_r^q / c_r^l)}$	[199-201]
Logit 模型	否	$P_r^q = \dfrac{\exp(-\theta c_r^q)}{\sum_q \exp(-\theta c_r^q)}$	[179, 202-203]
基于 Logit 的 SUE	是	$\min Z(f) = \dfrac{1}{\theta} \sum_r \sum_s \sum_m f_m^{r,s} \ln f_m^{r,s} + \sum_i \int_0^{x_i} c_i(w) \mathrm{d}w$	[196, 204-206]
Wardrop 均衡配流	是	$\min Z(x) = \sum_{i,j} \int_0^{x_{ij}} \Omega_{ij}(w) \mathrm{d}w + \sum_{i,j} \sum_{k=1}^{3} \int_0^{x_{ijk}} d_{ijk}(u) \mathrm{d}u$	[207-209]
Probit 模型	否	$P(x) = \dfrac{1}{\sigma\sqrt{2}} e^{-[(r-a)^2]/(2\sigma^2)}$ $x = (T_i^w - T_{\min}^w)/T_{\mathrm{rang}}$ 路径客流分配效用	[210]

6.3.2 基于 Logit 模型的动态配流模型

由上述分析可知,地铁网络客流分配问题就是乘客如何在多条路径之间决策的问题。本书假定具有不同特征的出行者依照多个准则选择出行路径,依照出行者的不同特征将出行者分为若干类别,每个类别内部的出行者是同质的,表现为对各个准则的看法是一致的,不同类别出行者之间存在差异。不同类别的出行者按照各自的准则选择广义出行成本最小的路径,出行者不能完全掌握交通网络的全部信息,只能根据广义出行成本的估计值进行决策[211],因此,地铁网络出行者路径选择问题是多用户多准则随机配流问题,配流模型如下:

$$P_r^q = \frac{\exp(-\theta g_{ij}^r / \overline{g_{ij}})}{\sum_r \exp(-\theta g_{ij}^r / \overline{g_{ij}})} \quad (6-3)$$

式中,$\overline{g_{ij}}$ 表示 OD 对之间可选路径平均费用;g_{ij}^r 表示 OD 对之间路径 p 的费用,见公式 (6-2);θ 是一个与随机误差项的方差有关的参数,用来度量出行者总体对网络的熟悉程度,与 $\mathrm{Var}(\varepsilon_w^n)$ 成反比;$D_w^n = \{\varepsilon_w^1, \varepsilon_w^2, \varepsilon_w^3, \cdots \varepsilon_w^n\}$ 表示第 w 个 OD 对的 n 条选择路径的效用随机偏差,该偏差由乘客群体的费用准则决定。

由 Logit 模型计算出各类智能体的初始人数,智能体依据心理偏好与最有利于自己的规则在网络中出行。当地铁车站或区间出现故障时,由于初始路径中断无法在已选路径上继续出行,该类智能体按照不改变其行为特质,按照原有准则选择最接近于原始路径的新路径。

6.4 地铁网络流量时空分布设计

出行量生成是指某一时间段内产生的出行需求量,表示为单位时间内全网站点上刷卡进站客流总量。因此,分为出行量空间分布和出行量时间分布。

6.4.1 流量在时间上的分布

城市地铁网络客流在时间上的分布,与城市出行时间的规律性分不开,早上上班上学形成早高峰,下午下班放学形成晚高峰,其他时间段则是客流平峰期。在线路上的不同集散点,其客流高峰比率不同,一般市中心商业区和对外交通枢纽的高峰比率较低,因为劳动性客流(通勤客流)比例较低,客流在时间分布上相对比较均衡;而郊区线路、通往市区外围的居住区和工业区站点,主要服务于上下班通勤客流,因此其客流高峰比率较高,径向线路上非换乘节点(聚类系数高)客流日分布形态为左单峰型,早高峰达到最大值;换乘节点日客流分布形态为全峰型;分支型线路与全网接驳站点为右单峰,峰值位于晚高峰时,远离市区线路的站点日客流呈左单峰型。地铁网络进站进站流量具有时间和空间分布的特性,由于通勤服务,使得地铁网络各条线路上的客流在工作日的早晚高峰时段表现出明显的驼峰分布。

为了更加真实地反映地铁网络客流在时间上的驼峰分布特点,对客流的 06:00~12:00 时段客流进行回归分析,高斯函数回归方程为:

$$f(x) = a_1 \cdot \exp\left[-\left(\frac{x_1-b_1}{c_1}\right)^2\right] + \cdots + a_8 \cdot \exp\left[-\left(\frac{x_8-b_8}{c_8}\right)^2\right] \quad (6-4)$$

由 Matlab 拟合,得到的回归参数及拟合效果检验结果如表 6.2 所示,拟合曲线如图 6.2 所示,由图可知,高斯函数能够对 06:00~12:00 的客流分布较好地拟合。

表 6.3 北京地铁各线路包含早晚高峰的进站客流时间分布拟合分析得到的回归参数

参数	a_1	a_2	a_3	a_4	a_5	a_6	a_7	a_8
	295.7	7.269	5.987	−281.5	11.34	0	3.599	−4.019
参数	b_1	b_2	b_3	b_4	b_5	b_6	b_7	b_8
	13.86	19.67	23.24	13.85	9.199	−9.404	5.151	20.51
参数	c_1	c_2	c_3	c_4	c_5	c_6	c_7	c_8
	2.376	2.272	19	2.31	4.723	0.452 8	0.809 3	0.996 9
检验结果	SSE:1.64 R^2:0.999							

将回归参数带入高斯方程,得到关于时间 t 的乘客流量时间分布函数为:

$$\begin{aligned}f(t) =\ & 295.7 \cdot \exp\{-[(t-13.86)/2.376]^2\} + 7.269 \cdot \exp\{-[(t-19.67)/2.272]^2\} \\ & + 5.987 \cdot \exp\{-[(t-23.24)/19]^2\} - 281.5 \cdot \exp\{-[(t-13.85)/2.31]^2\} \\ & + 11.34 \cdot \exp\{-[(t-9.199)/4.723]^2\} + 0 \cdot \exp\{-[(t+9.404)/0.4528]^2\} \\ & + 3.599 \cdot \exp\{-[(t-5.151)/0.809\,3]^2\} - 4.019 \cdot \exp\{[t-20.51)/0.996\,9]^2\}\end{aligned}$$

(6-5)

假设地铁网络中所有站点的在早高峰时段内的进站乘客流量分布与线路的进站流量分布一致,故有每个起点单位时间内产生的流量都满足 $f(t)$。

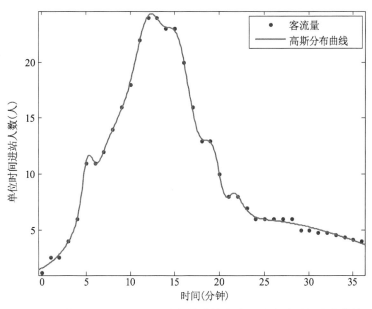

图 6.2 工作日 06:00～12:00 时段的地铁线路进站客流时间分布曲线

6.4.2 流量在空间上的分布设计

出行量在空间上的分布,是指刷卡进站客流量在线路上不同站点之间的分布。对于穿越城市中心区的径向线路,在列车运行方向的起始段,一般各车站的上车人数大于下车人数,因此各区间的断面客流逐渐加大,在中心区达到最大,此后在列车运行方向的末尾段,各车站上车人数小于下车人数;分支型线路主要服务通勤客流,因此,早高峰时段客流从外围到中心区逐渐增加[212-213]。基于此,本书提出基于节点的线路度出行吸引算法,假设任意一个车站产生的到目的地的流量决定于终点的吸引力 w:

$$w = l_i/2 \tag{6-6}$$

表示节点经过的线路数目越多,吸引能力越强,其中,l_i 为经过节点 i 的线路数目。任一起始节点 O 在单位时间产生的流量服从 $f(t)$ 分布,因此有任一 OD 对的流量时空分布函数为:

$$X_{\text{demand}}^{ij}(t) = w \cdot f_i(t) = f_i(t) \frac{l_j}{2} \tag{6-7}$$

其中,$X_{\text{demand}}^{ij}(t)$ 表示在 t 时刻车站 i 到 j 的出行需求量;$f_i(t)$ 表示 t 时刻车站 i 产生的出行需求;l_j 表示车站 j 经过的线路数目。

6.5 从乘客延误角度出发的脆弱性评价指标

6.5.1 基于乘客到达率的脆弱性评价指标

UMNS 在车站或者区间随机故障或蓄意攻击等突发事件条件下,经过该车站或者区间的所有线路的发车频率降低,运行速度减慢,导致乘客在车站的候车时间增加,乘客的出行时间增加,与正常情况相比,在 t 时刻到达目的地的乘客数目减少。在正常情况下,仿真时间内的所有到站乘客数目记为 $A_{\max}$,各个时刻乘客到站率为:

$$\alpha(t) = \frac{A(t)}{A_{\max}} \times 100 \qquad (6-8)$$

其中,$A(t)$ 为 t 时刻到站的乘客数目。相同时刻下,到达率越接近于 0,说明网络的脆弱性越高;相反,到达率越接近于 1,说明网络的脆弱性越小。

6.5.2 基于 OD 平均乘客延误程度的脆弱性评价指标

当线路因车站或区间故障而导致其发车频率降低时,在车站等待的乘客数目较正常情况下增加,产生乘客延误。网络在正常情况下各个时刻的车站总等待人数为 $D_{\text{normal}}(t)$,在故障情况下各个时刻的车站总等待人数为 $D_{\text{degraded}}(t)$,因此,t 时刻车站总延误人数为:

$$\Delta D(t) = D_{\text{degraded}}(t) - D_{\text{normal}}(t) \qquad (6-9)$$

平均乘客延误程度定义为时刻 t 每个 OD 对上延误的乘客数目为:

$$\overline{\Delta D(t)} = \frac{D_{\text{degraded}}(t) - D_{\text{normal}}(t)}{W_{\max}} \qquad (6-10)$$

其中,$W_{\max}$ 表示地铁网络的最大连通 OD 数目。在故障情况下,假设网络所有车站仍然能够提供服务,但经过故障车站的线路的发车频率降低。因此,网络的最大连通 OD 数目不变。

6.6 基于乘客延误的地铁网络脆弱性仿真结果及分析

动态流量加载的第一步需要确定 OD 流量在时间和空间上的分布;第二步需要计算路径费用;第三步需要根据 Logit 模型计算路径被选择的概率。为了评估车站故障对不同结构类型的地铁网络的影响,首先生成 6 种典型拓扑结构的地铁网络模型(与第 5 章相同);其次,对地铁网络进行正常和故障两组实验,以进行比较分析。

6.6.1 仿真参数设置

模拟地铁网络从 07:00~08:00(0~3 600 秒)的客流在网络上的产生、传播等过程。假定型车额定载客量为 6 人/平方米,最大载客量为 9 人/平方米,列车为 6 节编组,列车额定载客 2 000 人/列,列车最大载客量为 2 500 人/列;正常情况下所有列车在早高峰时段的发车频率为每班次 3 分钟(180 秒);列车停站时间为 30 秒;列车车速为 10 米/秒(36 公里/小时)、区间长度为 1 200 米、区间行驶时间为 2 分钟;线路上的车站或区间发生故障时,该线路的列车发车频率降低为每班次 8 分钟。乘客对换乘的费用惩罚系数为 3,对车厢内拥挤的费用惩罚系数为 8。乘客在站内等待超过 10 分钟,选择离开网络,改用其他方式出行。

6.6.2 随机故障和蓄意攻击下网络的脆弱性表现

首先,通过 UMNS 在随机故障和蓄意攻击情况下的乘客到达率和延误率比较,评估网络的脆弱性特征。随机故障通过随机选择一个车站,使经过该车站的线路发车频率由每班次 3 分钟降低为每班次 8 分钟;通过选取节点线路度最大的车站蓄意攻击网络,使经过该车站的几条线路发车频率由每班次 3 分钟降低为每班次 8 分钟。图 6.3 为星型＋环型网络在随机故障和蓄意攻击情况下的乘客到达率和延误程度。

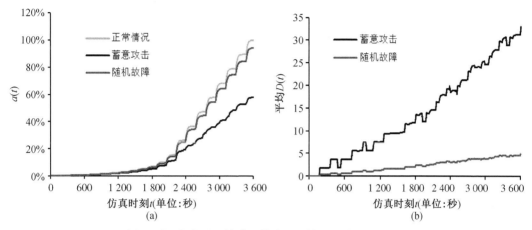

图 6.3 星型＋环型网络在随机故障和蓄意攻击情况下的乘客到达率和延误程度

由图 6.3(a)可见,在 3 600 秒,正常情况下网络的乘客到达率为 1,随机故障情况下网络的乘客到达率为 94.32%,蓄意攻击情况下网络的乘客到达率为 57.88%。由图 6.3(b)可见,在 3 600 秒,蓄意攻击情况下网络 OD 的平均乘客延误数目为 34 人,而随机故障情况下网络 OD 的平均乘客延误数目仅为 5 人。因此,地铁网络对蓄意攻击具有脆弱性,而对随机攻击具有鲁棒性。该结论与从拓扑结构连通性角度出发的结构脆弱性评估结论一致。

6.6.3 不同拓扑结构类型的 UMNS 脆弱性评价

采用第 5 章构造的 6 种不同拓扑结构类型的地铁网络(构造的 6 种地铁网络基本信息见表 5.2),对其进行蓄意攻击,发车频率降低后各个网络的乘客到达率和平均乘客延误程度见图 6.4。

由图 6.4 可以看到,不论是基于乘客到达率的脆弱性评价指标,还是基于平均乘客延误程度的脆弱性评价指标,星型结构的地铁网络在 3 类(星型、网格型、放射型)地铁网络中的到达率最低,平均乘客延误程度最高,网络的脆弱性最高;网格型网络的到达率最高,平均乘客延误程度最低,网络的脆弱性最低;放射型网络处于二者之间。除此之外,含有环线的地铁网络的脆弱性程度低于不含有环线的同类拓扑结构类型的地铁网络,如网格＋环型结构的地铁网络的乘客到达率高于网格型结构的地铁网络,平均乘客延误程度低于网络型结构的地铁网络。因此说,网格型结构的地铁网络的鲁棒性最高,环型线路能降低网络的脆弱性。该结论与第 5 章基于拓扑结构连通性的地铁网络脆弱性评价得出的结论一致。

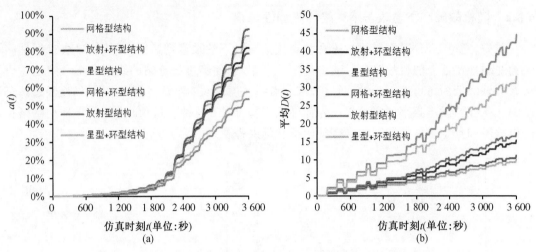

图 6.4 蓄意攻击下 6 种拓扑结构类型的地铁网络的脆弱性表现

6.6.4 网络非均匀性对乘客延误程度的影响

采用第 5 章构造的 3 种不同异质程度的放射＋环型网络,对其进行蓄意攻击,观察网络非均匀性对乘客延误的影响。图 6.5 为 3 种不同异质程度的放射＋环型地铁网络在蓄意攻击下的乘客到达率和乘客延误程度。其中,图 6.5(a)为幂指数 λ 分别为 2.596、2.793 和 3.112 的放射＋环型网络在蓄意攻击下的乘客到达率;图 6.5(b)为幂指数 λ 分别为 2.596、2.793 和 3.112 的放射＋环型网络在蓄意攻击下的平均乘客延误程度。

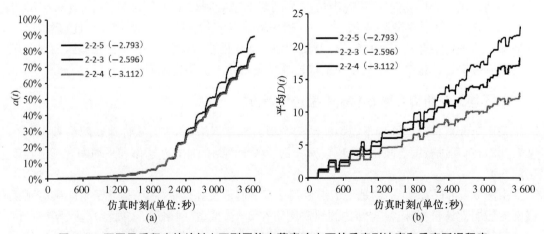

图 6.5 不同异质程度的放射＋环型网络在蓄意攻击下的乘客到达率和乘客延误程度

由图 6.5 可见,地铁网络的标度系数越大,网络的异质程度越低,网络的脆弱性越高,例如,在 3 600 秒,$\lambda=3.112$ 的地铁网络的乘客到达率为 76.69%,平均 OD 乘客延误人数为 24 人;$\lambda=2.793$ 的地铁网络的乘客到达率为 78.16%,平均 OD 乘客延误人数为 19 人;$\lambda=2.596$ 的地铁网络的乘客到达率为 89.24%,平均 OD 乘客延误人数为 13 人。由此可见,从乘客延误角度出发的网络对蓄意攻击的脆弱性程度与地铁网络的异质程度成反比,异质程度越高,网络对蓄意攻击越鲁棒;网络的异质程度越低,网络对蓄意攻击越脆弱。该结论与第 5 章基于拓扑结构连通性得到的脆弱性评价结论一致。

综合以上仿真结果,从地铁网络拓扑结构连通性角度出发的地铁网络结构脆弱性和从乘客延误角度出发的地铁网络结构,都显示了对车站蓄意攻击的脆弱性和对随机故障的鲁棒性;两种评价角度下,网格型地铁网络的鲁棒性最强,环型线路能够降低网络的脆弱性;网络对车站的蓄意攻击的脆弱性程度与网络的非均匀程度呈反比关系。考虑流量因素的运输功能脆弱性与仅从拓扑结构角度出发的连通脆弱性表现一致,因此,在地铁网络规划阶段,可以通过控制地铁网络拓扑结构类型来控制地铁网络的脆弱性。

6.7 本章小结

本章从乘客延误角度评价了不同拓扑结构类型、不同异质程度的地铁网络结构的脆弱性水平,并将本章的仿真结果与第 5 章进行比较。首先,根据实际生活中乘客在地铁网络的出行心理,构建了广义的地铁网络出行费用模型;其次,根据乘客在多路径选择中的不同效用准则,构造了 Logit 路径选择模型;再次根据实际地铁网络中流量的时空分布统计规律,构建流量时空分布模型;然后,建立从乘客延误角度出发的地铁网络结构脆弱性评价指标;最后,在此基础上进行仿真实验。仿真结果显示,地铁网络对车站蓄意攻击的脆弱性和对随机故障的鲁棒性;网格型地铁网络的鲁棒性最强,环型线路能够降低网络的脆弱性;网络对车站的蓄意攻击的脆弱性程度与网络的非均匀程度成反比关系。考虑流量因素的运输功能脆弱性与仅从拓扑结构角度出发的连通脆弱性表现一致,因此,在地铁网络规划阶段,可以通过控制地铁网络拓扑结构类型来控制地铁网络的脆弱性。

7 城市地铁网络拓扑特征及脆弱性实证研究

本章实证分析我国几个不同规模的地铁网络的站点或区间故障对整个网络所造成的影响,以北京、上海、南京、香港地铁网络为例,研究四个地铁网络拓扑结构的静态统计特征,并对网络的拓扑结构脆弱性进行评估比较。

7.1 上海地铁网络拓扑结构特征及其脆弱性

7.1.1 基于拓扑线路的上海地铁网络无标度特性评价

7.1.1.1 构建上海地铁网络拓扑结构

本书基于 Java 语言构建地铁网络动态仿真平台(urban-metro-cas),构建双向地铁网络运行拓扑结构。基于 Java 语言的动态仿真系统建模流程是:首先,对地铁网络站点编号,构建网络的站点矩阵;其次,构建地铁网络的连接矩阵,绘制地铁网络图;最后,构建拓扑线路始发站矩阵和列车拓扑线路矩阵。示例地铁网络如图 7.1 所示。

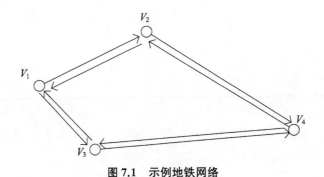

图 7.1 示例地铁网络

第一步:构建站点 V_1、V_2、V_3、V_4 的矩阵,表示为:

$$\begin{bmatrix} 1 & V_1 & W_1 \\ 2 & V_2 & W_2 \\ 3 & V_3 & W_3 \\ 4 & V_4 & W_4 \end{bmatrix}$$

其中,1、2、3、4 为站点的编号;V_1、V_2、V_3、V_4 为站点的名称;W_1、W_2、W_3、W_4 为站点的容量。

第二步:构建链接矩阵,表示为:

$$\begin{bmatrix} 1 & 2 & W_{12} \\ 2 & 4 & W_{24} \\ 1 & 3 & W_{13} \\ 3 & 4 & W_{34} \\ 2 & 1 & W_{21} \\ 4 & 2 & W_{42} \\ 3 & 1 & W_{31} \\ 4 & 3 & W_{43} \end{bmatrix}$$

其中,W_{12} 表示站点 V_1 到 V_2 的距离,其余相同。

第三步:构建节点图矩阵解析模型。

由上可获取节点图矩阵字符串:"1 V_1 W_1 2 V_2 W_2 3 V_3 W_3 4 V_4 W_4";同理可获取链接矩阵字符串:"1 2 W_{12} 2 4 W_{24} 1 3 W_{13} 3 4 W_{34} 2 1 W_{21} 4 2 W_{42} 3 1 W_{31} 4 3 W_{43}",根据字符串中各个字符的含义生成相应的智能体。

第四步:构建拓扑线路始发站矩阵:$[1 \quad 4]$。

第五步:构建拓扑线路矩阵:

$$\begin{bmatrix} 1 & 2 & 4 & -1 & 0 & 60 & 22 \\ 1 & 3 & 4 & -1 & 30 & 60 & 22 \\ 4 & 2 & 1 & -1 & 0 & 60 & 22 \\ 4 & 3 & 1 & -1 & 30 & 60 & 22 \end{bmatrix}$$

其中,-1 前的数值表示列车的行驶路径向量,-1 后的值分别表示发车时间、发车频率和列车车速。

第六步:构建拓扑线路解析模型。

获取线路字符串,并解析出各个参数的值,如:1 2 4 -1 0 60 22 13 4 -1 30 60 22 4 2 1 -1 0 60 22 4 3 1 -1 30 60 22。

7.1.1.2 数据分析及结果

以 2013 年上海市地铁网络为例来说明上海地铁网络的拓扑结构统计特征。图 7.2 为上海地铁网络的拓扑结构示意图,网络包含 242 个地铁车站、536 条边和 14 条拓扑线路,其中大部分车站只有一条线路经过,只有位于城市中心的少数车站同时有几条线路经过,成为换乘车站,几个主要换乘车站经过的线路数目见表 7.1。

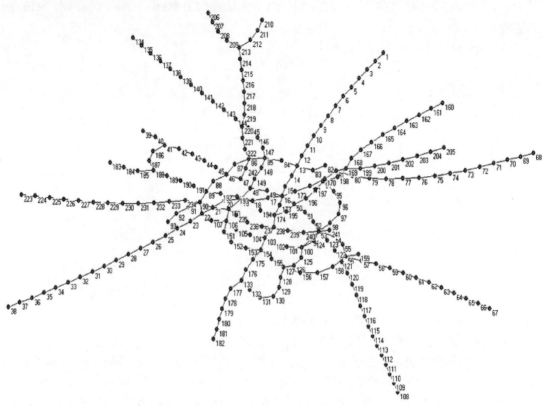

图 7.2　上海地铁网络拓扑结构示意图

表 7.1　上海地铁网络换乘车站及其经过的地铁线路数目

编号	换乘车站	地铁线路数
53	世纪大道	4
16	人民广场	3
90	宜山路	3
127	高科西路	2
238	陆家浜路	2

通过对上海地铁网络的拓扑特征进行分析,可以得到上海地铁网络的线路度分布图。图 7.3 表示了地铁网络的车站经过的线路数和其概率之间的关系,其中横坐标表示经过车站的线路数目,纵坐标表示度分布函数。通过第 3 章的研究,可知地铁网络线路度分布服从 SPL 分布,图 7.4 为 Matlab 拟合得到的上海地铁网络线路度分布图,由此清晰地表明了上海地铁网络能够被 SPL 函数拟合,具有无标度特性。

7 城市地铁网络拓扑特征及脆弱性实证研究

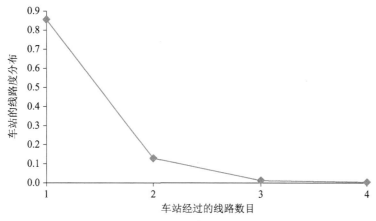

图 7.3 上海地铁网络车站线路度分布图

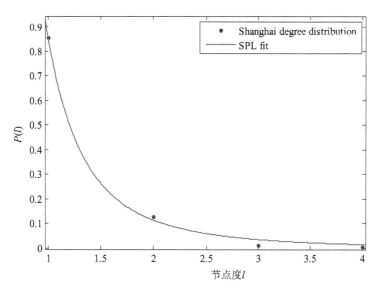

图 7.4 SPL 拟合上海地铁网络车站的线路度分布图

7.1.2 基于信息传递效率的上海地铁网络小世界特性评价

在上一节的基础上,本节基于前文提出的基于信息传递效率和网络平均最小换乘次数的地铁网络小世界特性评价方法,对上海地铁网络的小世界特性做进一步阐述。

(1) 平均最小换乘次数

由笔者编写的仿真系统 urban-metro-cas,搜索得到上海地铁网络的平均最小换乘次数为 1.3 次,由于换乘次数不能含有小数,故取最小换乘次数为 2 次,最短路径的最大换乘次数为 4 次,同等规模的随机网络的最短路径长度为 4.61,可见,上海地铁网络的平均最小换乘次数小于同等规模随机网络的平均最短路径长度。

(2) 聚类系数

聚类系数表明节点之间相互连接的强度。由公式 3-10 计算得到上海地铁网络的聚类

101

系数为0.2408,虽然远小于1,但与同等规模的随机网络相比,却远大于随机网络的聚类系数0.0400。为了便于比较,将上海地铁网络与同等规模的随机网络的小世界特性评价参量列于表7.2。由表7.2可以看出,对于同等规模的随机网络,其平均最短路径长度约为上海地铁网络平均最小换乘次数的4倍,而聚类系数不足上海地铁网络的六分之一。因此,上海地铁网络具有较小的平均最短距离和较大的聚类系数。此结论表明,考虑地铁网络的线路属性时,上海地铁网络具有小世界特性。

表7.2 上海地铁网络与相同规模的随机网络的小世界特性参量比较

网络名称	规模	平均最短距离	聚类系数
上海地铁网络	242	1.30	0.2408
随机网络	242	4.61	0.0400

7.1.3 上海地铁网络结构脆弱性评价

根据5.2节定义的地铁网络结构脆弱性评价方法,本节对上海地铁网络进行车站随机攻击和蓄意攻击,观察上海地铁网络的脆弱性表现。虽然在5.3节已经证明了基于节点线路度的蓄意攻击导致的故障规模最大,且故障规模扩展速度最快,但本节为了从实证角度证明该结论,采用DTA^V、B^LTA^V、B^TTA^V的车站蓄意攻击策略,B^LTA^E和B^TTA^E的区间攻击策略,车站随机攻击策略,以及区间随机攻击策略进行实证分析。

7.1.3.1 车站随机和蓄意攻击下的故障规模分析

首先,计算全网节点线路度(公式3-1)、基于最短路径长度计算的节点介数(公式5-1)、基于最小换乘次数计算的节点介数(公式5-2),按照倒序的方式对车站进行排序,得到3个重要性评价指标下的车站,表7.3为前10个重要车站及其指标值。

表7.3 上海地铁网络按照车站的线路度、长度介数和换乘介数排序的前10个站点

序号	l			$C_B(v)$			$C_B^T(v)$		
	l	编号	车站	$C_B(v)$	编号	车站	$C_B^T(v)$	编号	车站
1	8	53	世纪大道	0.3988	16	人民广场	0.386892	16	人民广场
2	6	16	人民广场	0.307778	53	世纪大道	0.334306	53	世纪大道
3	6	80	宝山路	0.237908	48	静安寺	0.236082	48	静安寺
4	6	90	宜山路	0.226856	50	南京东路	0.220944	50	南京东路
5	4	13	上海火车站	0.200817	81	虹口足球场	0.212584	19	常熟路
6	4	18	陕西南路	0.198765	86	曹杨路	0.20157	22	上海体育馆
7	4	19	常熟路	0.181349	85	镇坪路	0.201438	21	徐家汇
8	4	21	徐家汇	0.171088	49	南京西路	0.194886	90	宜山路
9	4	22	上海体育馆	0.170843	238	陆家浜路	0.194472	238	陆家浜路
10	4	24	上海南站	0.169582	51	陆家嘴	0.193493	86	曹杨路

根据节点重要性排序,对网络的节点分别进行 DTA^V、B^LTA^V、B^TTA^V 的蓄意攻击及随机攻击,图 7.5 表示对上海地铁网络的节点进行蓄意攻击和随机攻击后网络故障规模和扰动数量的关系曲线。图 7.5(a) 为基于平均最短路径长度计算得到的网络效率的故障规模在 4 种攻击策略下的 $S(E_G)-R$ 曲线,图 7.5(b) 为基于路径平均最小换乘次数的网络效率的故障规模在 4 种攻击策略下的 $S(E_G^T)-R$ 曲线,图 7.5(c) 为基于网络最大连通 OD 数目的故障规模在 4 种攻击策略下的 $S(W)-R$ 曲线。

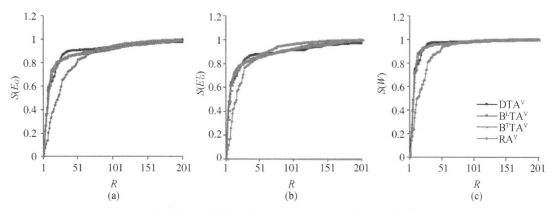

图 7.5　上海地铁网络在节点随机和蓄意攻击下故障规模与扰动数量曲线

由图 7.5 可以看出,节点随机攻击造成的故障规模和故障扩展速度都明显小于蓄意攻击。由图 7.5(a) 可见,蓄意移除 8 个重要性最大的车站时,其基于平均最短路径长度的网络效率的故障规模与随机移除 27 个车站时相同。同样,对于基于网络最大连通 OD 数目的故障规模[见图 7.5(c)],也存在相同现象。此结论与第 5 章的理论研究的结论一致,说明地铁网络对节点的蓄意攻击更加脆弱。该结论的现实意义是要重点保障地铁关键车站的正常运行,防止其遭到恶意破坏。

基于平均最小换乘次数的网络效率的故障规模[见图 7.5(b)]在扰动数量小于 55 时,蓄意攻击造成的故障规模大于随机攻击造成的故障规模,但当扰动数量 R 大于 55 时,随机攻击造成的故障规模超过蓄意攻击。说明当网络的异质(重要性)程度高的车站全部被破坏之后,基于平均最小换乘次数计算得到的网络效率几乎接近于 0,意味着网络中大部分节点已经无法连通,换乘次数无限大,从而效率接近于 0,进一步的攻击不会导致故障规模继续扩大;而随机攻击选取站点未必是重要性高的节点,在扰动数量继续增加时,其选择到重要性高的车站的可能性大于 0,因此,一旦选中重要性高的车站,其故障规模会迅速增加,因此就会出现如图 7.5(b) 所示的曲线。

7.1.3.2　边随机和蓄意攻击下的故障规模分析

按照基于最短路径长度计算的边介数和基于最小换乘次数计算的边介数(公式 5-1、公式 5-2),对全网的连接进行重要性排序,表 7.4 为按照两种指标得到的前 10 个连接及其指标值。

表 7.4　上海地铁网络按照边长度介数和换乘介数排序的前 10 个连接

序号	长度介数			换乘介数		
	长度介数	编号	连接	换乘介数	编号	连接
1	0.093 875	16_50	人民广场—南京东路	0.081 468	50_51	南京东路—陆家嘴
2	0.093 499	50_16	南京东路—人民广场	0.079 773	51_52	陆家嘴—东昌路
3	0.090 053	49_16	南京西路—人民广场	0.078 757	16_50	人民广场—南京东路
4	0.089 432	48_49	静安寺—南京西路	0.078 55	51_50	陆家嘴—南京东路
5	0.089 018	50_51	南京东路—陆家嘴	0.078 267	16_172	人民广场—曲阜路
6	0.087 512	51_50	陆家嘴—南京东路	0.078 211	52_53	东昌路—世纪大道
7	0.086 928	16_172	人民广场—曲阜路	0.077 062	52_51	东昌路—陆家嘴
8	0.086 608	51_52	陆家嘴—东昌路	0.076 29	50_16	南京东路—人民广场
9	0.086 194	16_49	人民广场—南京西路	0.075 499	53_52	世纪大道—东昌路
10	0.085 572	49_48	南京西路—静安寺	0.075 142	172_171	曲阜路—中兴路

根据连接重要性,对网络的边分别进行 $B^L TA^E$ 和 $B^T TA^E$ 的蓄意攻击及随机攻击,图 7.6 表示对上海地铁网络的边进行蓄意和随机攻击后网络故障规模和扰动数量的关系曲线。图 7.6(a)为基于平均最短路径长度计算得到的网络效率的故障规模在 3 种攻击策略下的 $S(E_G)$-R 曲线,图 7.6(b)为基于路径平均最小换乘次数的网络效率的故障规模在 3 种攻击策略下的 $S(E_G^T)$-R 曲线,图 7.6(c)为基于网络最大连通 OD 数目的故障规模在 3 种攻击策略下的 $S(W)$-R 曲线。

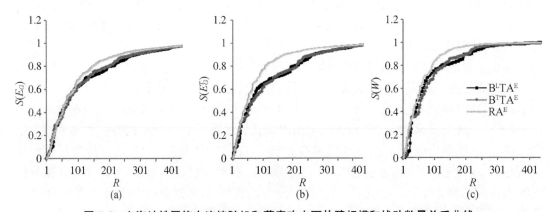

图 7.6　上海地铁网络在连接随机和蓄意攻击下故障规模和扰动数量关系曲线

由图 7.6 可以看出,与我们预估的结果相反,在扰动数量小于某一特定数量时,边随机故障造成的故障规模几乎与边蓄意攻击造成的故障规模相同;但当扰动数量增加,随机故障造成的故障规模开始大于蓄意攻击造成的故障规模,直至接近全网瘫痪时,随机故障的故障规模与扰动数量曲线才再次与蓄意攻击的故障规模与扰动数量曲线汇合。此结论说明地铁网络对边的随机攻击更加脆弱。

究其原因,地铁网络的运行线路为双向线路,无论是按照基于最小换乘次数还是最短路径长度计算得到的边介数,两个邻居节点之间的上行和下行连接的重要性接近。如果删除指定两个邻居节点之间的上行连接,该 OD 对可以通过其他路径到达,蓄意删除该 OD 对间的下行连接不会影响其他路径的可达性,但如果随机选择就可能选择到该路径上的连接,所以使得网络对边的随机攻击相比边介数蓄意攻击表现得更加脆弱。

总结:节点的蓄意攻击造成的故障规模远大于边的随机攻击造成的故障规模。以图 7.5(a)和图 7.6(a)为例,当 $R=51$ 时,节点蓄意攻击造成的故障规模达到了 80% 以上,而边蓄意和随机攻击造成的故障规模为 40%。蓄意删除节点度最大的 1 个节点,造成的故障规模与随机和蓄意删除 20 条边造成的故障规模相同。因此,在实际地铁网络运营中,要重点保障地铁车站的正常运行。

7.2 北京地铁网络拓扑特征及其脆弱性

7.2.1 基于拓扑线路的北京地铁网络无标度特性评价

以 2013 年北京市地铁网络为例来说明北京地铁网络的拓扑结构统计特征。图 7.7 为北京地铁网络的拓扑结构示意图,网络中包含 231 个地铁车站、514 条边和 12 条拓扑线路。其中大部分节点只有一条线路经过,只有位于城市中心的少数节点同时有几条线路经过,成为换乘车站。

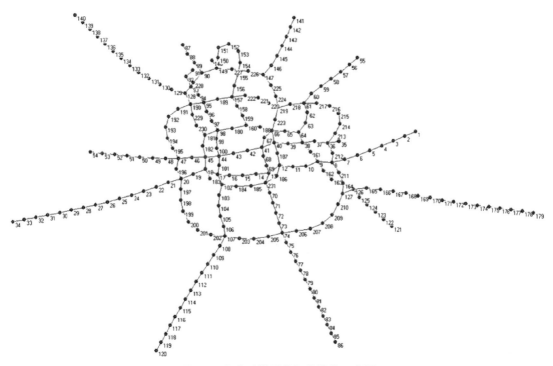

图 7.7 北京地铁网络拓扑结构示意图

通过对北京地铁网络的拓扑特征进行分析,可以得到北京地铁网络的线路度分布图。图 7.8 表示了地铁网络的节点经过的线路数和其概率之间的关系,其中横坐标表示节点经过的线路数目,纵坐标表示度分布函数。通过第3章的研究,可知地铁网络线路度分布服从SPL分布,图7.9为用Matlab拟合得到的北京地铁网络线路度分布图,同样清晰地表明北京地铁网络能够被SPL函数拟合,具有无标度特性。

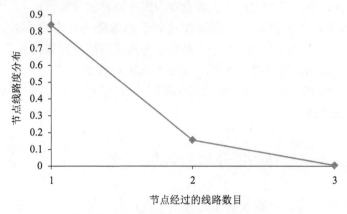

图7.8　北京地铁网络节点线路度分布图

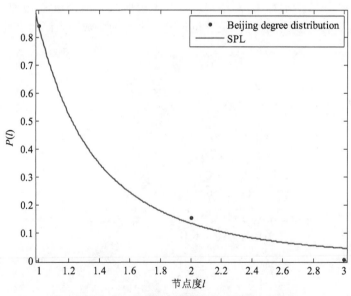

图7.9　北京地铁网络节点的线路度分布图

7.2.2　基于信息传递效率的北京地铁网络小世界特性评价

本节在上一节的基础上,基于前文提出的基于信息传递效率和网络平均最小换乘次数的地铁网络小世界特性评价方法,对北京地铁网络的小世界特性做进一步阐述。

(1) 平均最小换乘次数

路径最小换乘次数由仿真系统 urban-metro-cas 搜索,得到北京地铁网络的平均最小换乘次数为1.2次,由于换乘次数不能含有小数,故取最小换乘次数为2次,最短路径的最大换乘次数为3次,同等规模的随机网络的最短路径长度为5.44,可见,北京地铁网络的平均

7 城市地铁网络拓扑特征及脆弱性实证研究

最小换乘次数小于同等规模随机网络的平均最短路径长度。

(2) 聚类系数

聚类系数表明节点之间相互连接的强度。由公式 3-10 计算得到北京地铁网络的聚类系数为 0.222 6,虽然远小于 1,但与同等规模的随机网络相比,却远大于随机网络的聚类系数 0.020 0。为了便于比较,将北京地铁网络与同等规模的随机网络的小世界特性评价参量列于表 7.5。由表 7.5 可以看出,对于同等规模的随机网络,其平均最短路径长度约为北京地铁网络平均最小换乘次数的 5 倍,而聚类系数不足北京地铁网络的十分之一。因此,北京地铁网络具有较小的平均最短距离和较大的聚类系数。此结论表明,考虑地铁网络的线路属性时,北京地铁网络具有小世界特性。

表 7.5 北京地铁网络与相同规模的随机网络的小世界特性参量比较

网络名称	规模	平均最短距离	聚类系数
北京地铁网络	231	1.20	0.222 6
随机网络	231	5.44	0.020 0

7.2.3 北京地铁网络结构脆弱性评价

根据 5.2 节定义的地铁网络结构脆弱性评价方法,本节对北京地铁网络进行节点和随机攻击和节点蓄意攻击,以观察北京地铁网络的脆弱性。虽然在 5.3 已经证明了基于节点线路度的蓄意攻击导致的故障规模最大,且故障规模扩展速度最快,但本节为了从实证角度证明该结论,采用 DTA^V、B^LTA^V、B^TTA^V 的节点蓄意攻击策略,B^LTA^E 和 B^TTA^E 的边攻击策略,节点随机攻击策略 RA^V,以及边随机攻击策略 RA^E 进行实证分析。

7.2.3.1 节点随机和蓄意攻击下的故障规模分析

首先,计算全网节点线路度(公式 3-1)、基于最短路径长度计算的节点介数(公式 5-1)、基于最小换乘次数计算的节点介数(公式 5-2),按照倒序的方式对车站进行排序,得到 3 个重要性评价指标下的车站,表 7.6 为前 10 个重要车站及其指标值。

表 7.6 北京地铁网络按照节点线路度、长度介数和换乘介数排序的前 10 个站点

序号	节点度			节点长度介数			节点换乘介数		
	度	编号	车站	介数	编号	车站	介数	编号	车站
1	6	66	西直门	0.202 221	66	西直门	0.217 41	164	六里桥
2	4	95	惠新西街北口	0.187 709	9	军事博物馆	0.203 689	74	角门西
3	4	98	雍和宫	0.187 333	164	六里桥	0.198 833	17	东单
4	4	157	北土城	0.184 077	40	车公庄	0.197 214	66	西直门
5	4	160	鼓楼大街	0.169 396	20	国贸	0.196 725	107	宋家庄
6	4	8	公主坟	0.169 283	74	角门西	0.188 462	13	西单
7	4	9	军事博物馆	0.164 427	12	复兴门	0.182 74	20	国贸

(续表)

序号	节点度			节点长度介数			节点换乘介数		
	度	编号	车站	介数	编号	车站	介数	编号	车站
8	4	12	复兴门	0.164 163	45	朝阳门	0.176 887	9	军事博物馆
9	4	13	西单	0.162 526	107	宋家庄	0.175 965	219	知春路
10	4	17	东单	0.160 982	126	七里庄	0.167 081	44	东四

根据节点重要性排序,对网络的节点分别进行DTA^V、B^LTA^V、B^TTA^V的蓄意攻击及随机攻击RA^V,图7.10表示对北京地铁网络的节点进行蓄意攻击和随机攻击后网络故障规模和扰动数量的关系曲线。图7.10(a)为基于平均最短路径长度计算得到的网络效率的故障规模在4种攻击策略下的$S(E_G)$-R曲线,图7.10(b)为基于路径平均最小换乘次数的网络效率的故障规模在4种攻击策略下的$S(E_G^T)$-R曲线,图7.10(c)为基于网络最大连通OD数目的故障规模在4种攻击策略下的$S(W)$-R曲线。

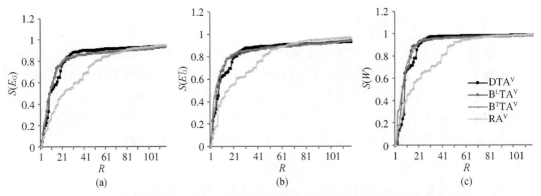

图7.10 北京地铁网络在节点随机和蓄意攻击下故障规模与扰动数量关系曲线

由图7.10可以看出,节点随机攻击造成的故障规模和故障扩展速度都明显小于蓄意攻击。由图7.10(a)可见,蓄意移除16个重要性最大的车站时,其基于平均最短路径长度的网络效率的故障规模与随机移除33个车站时相同。同样,对于基于平均最小换乘次数的网络效率的故障规模[见图7.10(b)]和基于网络最大连通OD数目的故障规模[见图7.10(c)],也存在相同现象。此结论与第5章的理论研究的结论一致,说明地铁网络对节点的蓄意攻击更加脆弱。该结论的现实意义是要重点保障地铁关键车站的正常运行,防止其遭到恶意破坏。

7.2.3.2 边随机和蓄意攻击下的故障规模分析

按照基于最短路径长度计算的边介数和基于最小换乘次数计算的边介数(计算公式见第5章),对全网的连接进行重要性排序,表7.7为按照两种指标得到的前10个连接及其指标值。

7 城市地铁网络拓扑特征及脆弱性实证研究

表 7.7　北京地铁网络按照边长度介数和换乘介数排序的前 10 个连接

序号	边长度介数			边换乘介数		
	介数	编号	连接	介数	编号	连接
1	0.069 81	126_164	七里庄—六里桥	0.068 361	126_164	七里庄—六里桥
2	0.069 546	164_126	六里桥—七里庄	0.068 21	164_126	六里桥—七里庄
3	0.067 307	224_219	五道口—知春路	0.063 862	205_74	角门东—角门西
4	0.066 046	9_162	军事博物馆—北京西站	0.063 693	204_205	大红门—角门东
5	0.065 029	225_224	上地—五道口	0.063 655	107_203	宋家庄—石榴庄
6	0.064 37	162_9	北京西站—军事博物馆	0.063 636	203_204	石榴庄—大红门
7	0.064 126	162_163	北京西站—六里桥东	0.060 982	126_165	七里庄—丰台东大街
8	0.062 846	147_225	西二旗—上地	0.059 307	224_219	五道口—知春路
9	0.062 62	163_164	六里桥东—六里桥	0.058 329	225_224	上地—五道口
10	0.062 451	163_162	六里桥东—北京西站	0.057 463	219_224	知春路—五道口

根据连接重要性,对网络的边分别进行 B^LTA^E 和 B^TTA^E 的蓄意攻击及随机攻击,图 7.11 表示对北京地铁网络的边进行蓄意和随机攻击后网络故障规模和扰动数量的关系曲线。图 7.11(a) 为基于平均最短路径长度计算得到的网络效率的故障规模在 3 种攻击策略下的 $S(E_G)$-R 曲线,图 7.11(b) 为基于路径平均最小换乘次数的网络效率的故障规模在 3 种攻击策略下的 $S(E_G^T)$-R 曲线,图 7.11(c) 为基于网络最大连通 OD 数目的故障规模在 3 种攻击策略下的 $S(W)$-R 曲线。

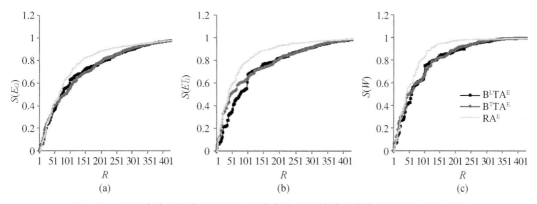

图 7.11　北京地铁网络在连接随机和蓄意攻击下故障规模与扰动数量关系曲线

由图 7.11 可以看出,与我们预估的结果相反,在扰动数量小于某一特定数量时,边随机故障造成的故障规模几乎与边蓄意攻击造成的故障规模相同;但当扰动数量增加,随机故障造成的故障规模开始大于蓄意攻击造成的故障规模,直至接近全网瘫痪时,随机故障的故障规模与扰动数量曲线才再次与蓄意攻击的故障规模与扰动数量曲线汇合。此结论说明地铁网络对边的随机攻击更加脆弱。

7.3 南京地铁网络结构拓扑特征及其脆弱性

7.3.1 基于拓扑线路的南京地铁网络无标度特性评价

以规划运营的 2014 年南京市地铁网络为例来说明南京地铁网络的拓扑结构统计特征。图 7.12 为南京地铁网络的拓扑示意图,网络中包含 141 个地铁车站、292 条边和 8 条拓扑线路。其中大部分节点只有一条线路经过,只有位于城市中心的少数节点同时有几条线路经过,成为换乘车站。

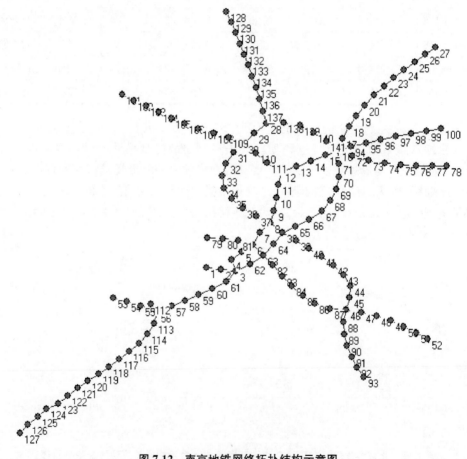

图 7.12 南京地铁网络拓扑结构示意图

通过对南京地铁网络的拓扑特征进行分析,可以得到南京地铁网络的线路度分布图。图 7.13 表示了地铁网络的节点经过的线路数和其概率之间的关系,其中横坐标表示节点经过的线路数目,纵坐标表示度分布函数。通过第 3 章的研究,可知地铁网络线路度分布服从 SPL 分布,图 7.14 为 Matlab 拟合得到的南京地铁网络线路度分布图,表明南京地铁网络能够被 SPL 函数拟合,具有无标度特性。

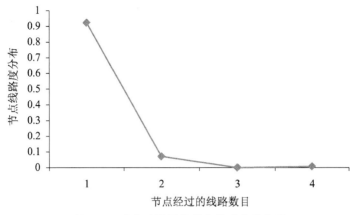

图 7.13　南京地铁网络节点线路度分布图

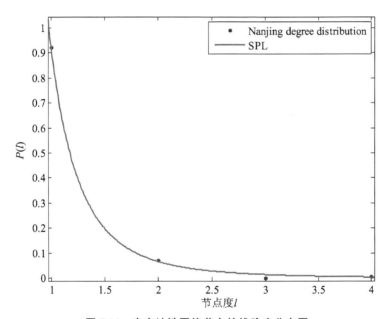

图 7.14　南京地铁网络节点的线路度分布图

7.3.2　基于信息传递效率的南京地铁网络小世界特性评价

(1) 平均最小换乘次数

由仿真系统 urban-metro-cas 搜索，得到南京地铁网络的平均最小换乘次数为 1.1 次，由于换乘次数不能含有小数，故取最小换乘次数为 2 次，最短路径的最大换乘次数为 3 次，同等规模的随机网络的最短路径长度为 5.44，可见，南京地铁网络的平均最小换乘次数小于同等规模随机网络的平均最短路径长度。

(2) 聚类系数

由公式 3-10 计算得到南京地铁网络的聚类系数为 0.264 9，虽然远小于 1，但与同等规模的随机网络相比，却远大于随机网络的聚类系数 0.020 0。为了便于比较，将南京地铁网络与同等规模的随机网络的小世界特性评价参量列于表7.8。由表7.8可以看出,对于同等规模的随机网络,其平均最短路径长度约为南京地铁网络平均最小换乘次数的4倍,而聚类系数不足南京地铁网络的九分之一。因此,南京地铁网络具有较小的平均最短距离和较大的聚类系数。此结论表明,考虑地铁网络的线路属性时,南京地铁网络具有小世界特性。

表7.8 南京地铁网络与相同规模的随机网络的小世界特性参量比较

网络名称	规模	平均最短距离	聚类系数
南京地铁网络	141	1.10	0.264 9
随机网络	141	4.95	0.030 0

7.3.3 南京地铁网络结构脆弱性评价

根据5.2节定义的地铁网络结构脆弱性评价方法,本节对南京地铁网络采用DTA^V、B^LTA^V、B^TTA^V的节点蓄意攻击策略,B^LTA^E和B^TTA^E的边攻击策略,节点随机攻击策略,以及边随机攻击策略进行实证分析。

7.3.3.1 节点随机和蓄意攻击下的故障规模分析

计算全网节点线路度、基于最短路径长度计算的节点介数、基于最小换乘次数计算的节点介数(计算公式见第5章),按照倒序的方式对车站进行排序,得到3个重要性评价指标下的车站,表7.9为前10个重要车站及其指标值。

表7.9 南京地铁网络按照节点线路度、长度介数和换乘介数排序的前10个站点

序号	节点度			节点长度介数			节点换乘介数		
	度	编号	车站	长度介数	编号	车站	换乘介数	编号	车站
1	8	16	南京南站	0.390 831	38	大行宫	0.408 105	16	南京南站
2	4	3	南京站	0.359 828	16	南京南站	0.407 599	38	大行宫
3	4	6	鼓楼	0.318 085	63	市政府	0.342 503	63	市政府
4	4	8	新街口	0.315 198	3	南京站	0.318 034	3	南京站
5	4	12	安德门	0.302 077	8	新街口	0.317 528	8	新街口
6	4	28	油坊桥	0.282 067	61	和燕路	0.282 067	61	和燕路
7	4	30	元通	0.272 644	60	五塘村	0.272 644	60	五塘村
8	4	38	大行宫	0.263 019	59	滨江路	0.263 019	59	滨江路
9	4	46	金马路	0.253 191	58	浦珠路	0.253 191	58	浦珠路
10	4	56	泰冯路	0.243 161	57	京新村	0.246 099	64	浮桥

根据节点重要性排序,对网络的节点分别进行DTA^V、B^LTA^V、B^TTA^V的蓄意攻击及随机攻击,图 7.15 表示对南京地铁网络的节点进行蓄意攻击和随机攻击后网络故障规模和扰动数量的关系曲线。图 7.15(a)为基于平均最短路径长度计算得到的网络效率的故障规模在 4 种攻击策略下的 $S(E_G)-R$ 曲线,图 7.15(b)为基于路径平均最小换乘次数的网络效率的故障规模在 4 种攻击策略下的 $S(E_G^T)-R$ 曲线,图 7.15(c)为基于网络最大连通 OD 数目的故障规模在 4 种攻击策略下的 $S(W)-R$ 曲线。

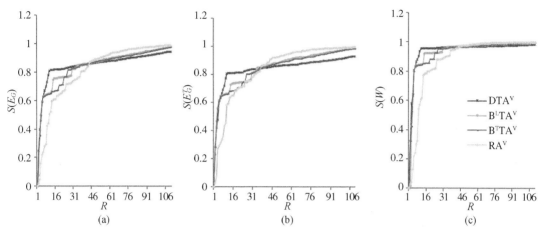

图 7.15 南京地铁网络在节点随机和蓄意攻击下故障规模与扰动数量关系曲线

由图 7.15 可以看出,节点随机攻击造成的故障规模和故障扩展速度都明显小于蓄意攻击。由图 7.15(a)可见,蓄意移除 5 个重要性最大的车站时,其基于平均最短路径长度的网络效率的故障规模与随机移除 13 个车站时相同。同样,对于基于平均最小换乘次数的网络效率的故障规模[见图 7.15(b)]和基于网络最大连通 OD 数目的故障规模[见图 7.15(c)],也存在相同现象,说明地铁网络对节点的蓄意攻击更加脆弱。

7.3.3.2 边随机和蓄意攻击下的故障规模分析

按照基于最短路径长度计算的边介数和基于最小换乘次数计算的边介数(计算公式见第 5 章),对全网的连接进行重要性排序,表 7.10 为按照两种指标得到的前 10 个连接及其指标值。

表 7.10 南京地铁网络按照边长度介数和换乘介数排序的前 10 个连接

序号	边长度介数			边换乘介数		
	介数	编号	连接	介数	编号	连接
1	0.146 91	61_3	和燕路—南京站	0.146 91	61_3	和燕路—南京站
2	0.142 249	60_61	五塘村—和燕路	0.142 249	60_61	五塘村—和燕路
3	0.137 487	59_60	滨江路—五塘村	0.137 487	59_60	滨江路—五塘村
4	0.132 624	58_59	浦珠路—五塘村	0.132 624	58_59	浦珠路—五塘村

(续表)

序号	边长度介数			边换乘介数		
	介数	编号	连接	介数	编号	连接
5	0.127 66	57_58	京新村—浦珠路	0.127 812	64_38	浮桥—大行宫
6	0.126 342	63_62	市政府—新庄	0.127 66	57_58	京新村—浦珠路
7	0.125 735	62_63	新庄—市政府	0.127 001	38_64	大行宫—浮桥
8	0.122 594	56_57	泰冯路—京新村	0.126 19	63_64	市政府—浮桥
9	0.122 29	62_3	新庄—南京站	0.125 38	64_63	浮桥—市政府
10	0.121 682	3_62	南京站—新庄	0.125 076	62_63	新庄—市政府

根据连接重要性,对网络的边分别进行 $B^L TA^E$ 和 $B^T TA^E$ 的蓄意攻击及随机攻击,图 7.16 表示对南京地铁网络的边进行蓄意和随机攻击后网络故障规模和扰动数量的关系曲线。图 7.16(a) 为基于平均最短路径长度计算得到的网络效率的故障规模在 3 种攻击策略下的 $S(E_G)$-R 曲线,图 7.16(b) 为基于路径平均最小换乘次数的网络效率的故障规模在 3 种攻击策略下的 $S(E_G^T)$-R 曲线,图 7.16(c) 为基于网络最大连通 OD 数目的故障规模在 3 种攻击策略下的 $S(W)$-R 曲线。

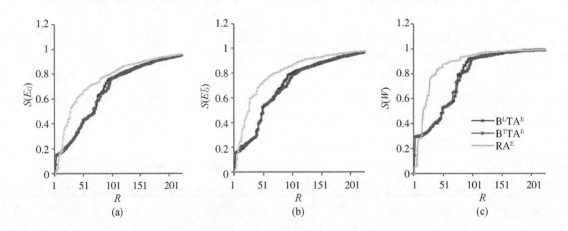

图 7.16 南京地铁网络在连接随机和蓄意攻击下故障规模与扰动数量关系曲线

由图 7.16 可以看出,在扰动数量小于某一特定数量时,边随机故障造成的故障规模几乎与边蓄意攻击造成的故障规模相同;但当扰动数量增加,随机故障造成的故障规模开始大于蓄意攻击造成的故障规模,直至接近全网瘫痪时,随机故障的故障规模与扰动数量曲线才再次与蓄意攻击的故障规模与扰动数量曲线汇合。此结论说明地铁网络对边的随机攻击更加脆弱。

7.4　香港地铁网络结构的拓扑特征及其脆弱性

7.4.1　基于拓扑线路的香港地铁网络无标度特性评价

以 2013 年香港地铁网络为例来说明香港地铁网络的拓扑结构统计特征。图 7.17 为香港地铁网络的拓扑结构示意图,网络中包含 79 个地铁车站、166 条边和 11 条拓扑线路。其中大部分节点只有一条线路经过,只有位于城市中心的少数节点同时有几条线路经过,成为换乘车站。

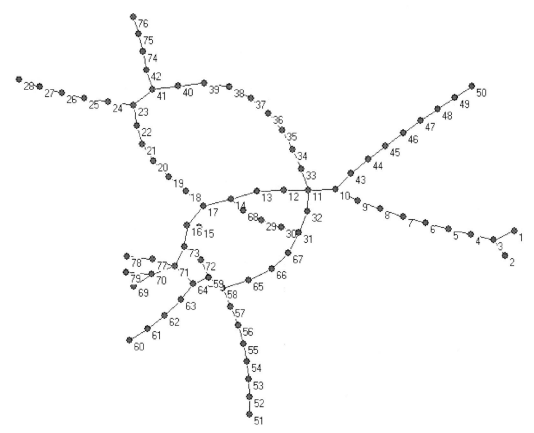

图 7.17　香港地铁网络拓扑结构示意图

通过对香港地铁网络的拓扑特征进行分析,可以得到香港地铁网络的线路度分布图。图 7.18 表示了地铁网络的节点经过的线路数和其概率之间的关系。通过第 3 章的研究,可知地铁网络线路度分布服从 SPL 分布,图 7.19 为用 Matlab 拟合得到的香港地铁网络线路度分布图,表明香港地铁网络能够被 SPL 函数拟合,具有无标度特性。

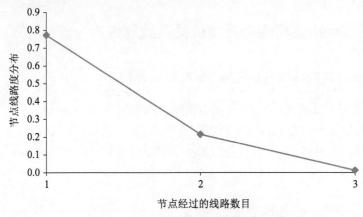

图 7.18　香港地铁网络节点线路度分布图

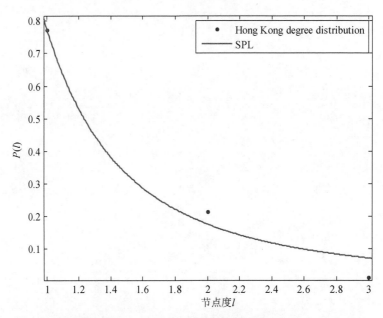

图 7.19　香港地铁网络节点的线路度分布图

7.4.2　基于信息传递效率的香港地铁网络小世界特性评价

（1）平均最小换乘次数

由仿真系统 urban-metro-cas 搜索得到香港地铁网络的平均最小换乘次数为 1.2 次,由于换乘次数不能含有小数,故取最小换乘次数为 2 次,最短路径的最大换乘次数为 3 次,同等规模的随机网络的最短路径长度为 5.44,可见,香港地铁网络的平均最小换乘次数小于同等规模随机网络的平均最短路径长度。

（2）聚类系数

由公式 3-10 计算得到香港地铁网络的聚类系数为 0.352 6,虽然远小于 1,但与同等规模的随机网络相比,却远大于随机网络的聚类系数 0.060 0。为了便于比较,将香港地铁网

7 城市地铁网络拓扑特征及脆弱性实证研究

络与同等规模的随机网络的小世界特性评价参量列于表7.11。由表7.11可以看出,对于同等规模的随机网络,其平均最短路径长度约为香港地铁网络平均最小换乘次数的4倍,而聚类系数不足香港地铁网络的1/6。因此,香港地铁网络具有较小的平均最短距离和较大的聚类系数。此结论表明,考虑地铁网络的线路属性时,香港地铁网络具有小世界特性。

表7.11 香港地铁网络与相同规模的随机网络的小世界特性参量比较

网络结构	规模	平均最短距离	聚类系数
香港地铁网络	79	1.40	0.3526
随机网络	79	4.37	0.0600

7.4.3 香港地铁网络结构脆弱性评价

根据5.2节定义的地铁网络结构脆弱性评价方法,本节对香港地铁网络采用DTA^V、B^LTA^V、B^TTA^V的节点蓄意攻击策略,B^LTA^E和B^TTA^E的边攻击策略,节点随机攻击策略,以及边随机攻击策略进行实证分析。

7.4.3.1 节点随机和蓄意攻击下的故障规模分析

计算全网节点线路度、基于最短路径长度计算的节点介数、基于最小换乘次数计算的节点介数(计算公式见第5章),按照倒序的方式对车站进行排序,得到3个重要性评价指标下的车站,表7.12为前10个重要车站及其指标值。

表7.12 香港地铁网络按照节点线路度、长度介数和换乘介数排序的前10个站点

序号	节点度			节点长度介数			节点换乘介数		
	度	编号	车站	介数	编号	车站	介数	编号	车站
1	8	16	中环	0.451801	11	九龙塘	0.478092	11	九龙塘
2	4	3	上水	0.364654	17	金钟	0.359948	10	大围
3	4	10	大围	0.359948	10	大围	0.353619	14	尖东
4	4	11	九龙塘	0.252191	16	中环	0.328627	17	金钟
5	4	14	尖东	0.247971	58	美孚	0.30542	31	太子
6	4	17	金钟	0.240993	18	湾仔	0.281727	58	美孚
7	4	22	北角	0.229309	14	尖东	0.260305	13	红磡
8	4	23	鲗鱼涌	0.22801	19	铜锣湾	0.257709	12	旺角东
9	4	29	油麻地	0.227199	73	九龙	0.249594	67	深水埗
10	4	30	旺角	0.215028	20	天后	0.238234	66	长沙湾

根据节点重要性排序,对网络的节点分别进行DTA^V、B^LTA^V、B^TTA^V的蓄意攻击及随机攻击RA^V,图7.20表示对香港地铁网络的节点进行蓄意攻击和随机攻击后网络故障规模和扰动数量的关系曲线。图7.20(a)为基于平均最短路径长度计算得到的网络效率的故障规模在4种攻击策略下的$S(E_G)$-R曲线,图7.20(b)为基于路径平均最小换乘次数的

网络效率的故障规模在4种攻击策略下的$S(E_G^T)$-R曲线，图7.20(c)为基于网络最大连通OD数目的故障规模在4种攻击策略下的$S(W)$-R曲线。

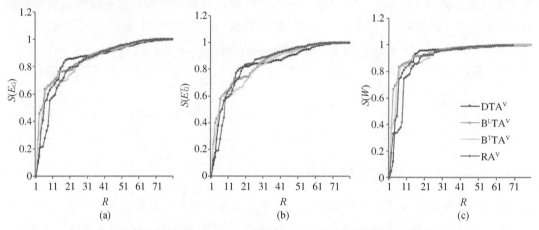

图7.20 香港地铁网络在节点随机和蓄意攻击下故障规模与扰动数量关系曲线

由图7.20可以看出，节点随机攻击造成的故障规模和故障扩展速度都明显小于蓄意攻击。由图7.20(a)可见，蓄意移除7个重要性最大的车站时，其基于平均最短路径长度的网络效率的故障规模与随机移除12个车站时相同。同样，对于基于平均最小换乘次数的网络效率的故障规模[见图7.20(b)]和基于网络最大连通OD数目的故障规模[见图7.20(c)]，也存在相同现象。此结论与第5章的理论研究的结论一致，说明地铁网络对节点的蓄意攻击更加脆弱。

7.4.3.2 边随机和蓄意攻击下的故障规模分析

按照基于最短路径长度计算的边介数和基于最小换乘次数计算的边介数（计算公式见第5章），对全网的连接进行重要性排序，表7.13为按照两种指标得到的前10个连接及其指标值。

表7.13 香港地铁网络按照边长度介数和换乘介数排序的前10个连接

序号	边长度介数			边换乘介数		
	介数	编号	连接	介数	编号	连接
1	0.178 189	10_11	大围—九龙塘	0.178 189	10_11	大围—九龙塘
2	0.131 451	16_17	中环—金钟	0.138 105	14_13	尖东—红磡
3	0.131 289	18_17	湾仔—金钟	0.136 806	13_12	红磡—旺角东
4	0.130 153	17_16	金钟—中环	0.136 157	13_14	红磡—尖东
5	0.128 854	17_18	金钟—湾仔	0.135 508	12_11	旺角东—九龙塘
6	0.124 797	19_18	铜锣湾—湾仔	0.134 859	12_13	旺角东—红磡
7	0.122 363	18_19	湾仔—铜锣湾	0.134 047	67_31	深水埗—太子
8	0.122 038	73_16	九龙—中环	0.133 723	31_67	太子—深水埗
9	0.120 74	16_73	中环—九龙	0.133 561	11_12	九龙塘—旺角东
10	0.118 306	20_19	天后—铜锣湾	0.128 53	66_67	长沙湾—深水埗

根据连接重要性,对网络的边分别进行 B^LTA^E 和 B^TTA^E 的蓄意攻击及随机攻击,图 7.21 表示对香港地铁网络的边进行蓄意和随机攻击后网络故障规模和扰动数量的关系曲线。图 7.21(a) 为基于平均最短路径长度计算得到的网络效率的故障规模在 3 种攻击策略下的 $S(E_G)$-R 曲线,图 7.21(b) 为基于路径平均最小换乘次数的网络效率的故障规模在 3 种攻击策略下的 $S(E_G^T)$-R 曲线,图 7.21(c) 为基于网络最大连通 OD 数目的故障规模在 3 种攻击策略下的 $S(W)$-R 曲线。

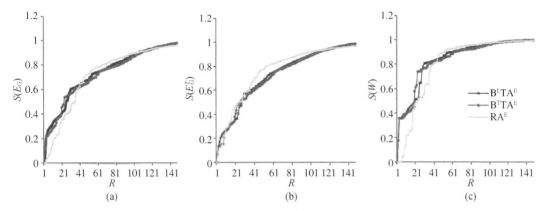

图 7.21 香港地铁网络在连接随机和蓄意攻击下故障规模与扰动数量关系曲线

由图 7.21 可以看出,结论与上海、北京、南京地铁网络一样,在扰动数量小于某一特定数量时,边随机故障造成的故障规模几乎与边蓄意攻击造成的故障规模相同;但当扰动数量增加,随机故障造成的故障规模开始大于蓄意攻击造成的故障规模,直至接近全网瘫痪时,随机故障的故障规模与扰动数量曲线才再次与蓄意攻击的故障规模与扰动数量曲线汇合。此结论说明地铁网络对边的随机攻击更加脆弱。

7.5 四个典型城市地铁网络拓扑结构特征及脆弱性比较

7.5.1 四个城市地铁网络拓扑结构特征比较

四个城市地铁网络拓扑结构特征见表 7.14。由表 7.14 可见,上海地铁网络的规模最大,含有最多车站和区间;反之,香港地铁网络含有的车站和区间数目最少,规模最小。然而,香港地铁网络的异质程度最高,网络中含有相对较多的"富裕"节点,且聚类系数最大,说明网络的信息传递效率较高。

表 7.14 四个城市地铁网络拓扑结构特征比较

城市	车站数目	区间数目	拓扑线路数目	标度系数	平均最短距离	聚类系数
上海	242	536	14	3.011	1.3	0.240 8
北京	231	514	12	2.77	1.2	0.222 6
南京	141	292	8	3.852	1.1	0.264 9
香港	79	166	11	2.31	1.2	0.352 6

7.5.2 四个城市地铁网络在节点随机和蓄意攻击策略下的脆弱性表现

以节点度蓄意攻击为例,本节研究香港、南京、北京和上海四个地铁网络在节点蓄意和随机攻击下的不同脆弱性表现。图 7.22 为香港、南京、北京和上海地铁网络在 DTA^V 攻击策略下的 $S(E_G)-f$、$S(E_G^T)-f$、$S(W)-f$ 曲线。横坐标表示网络中节点失效比例 f,纵坐标为故障规模。

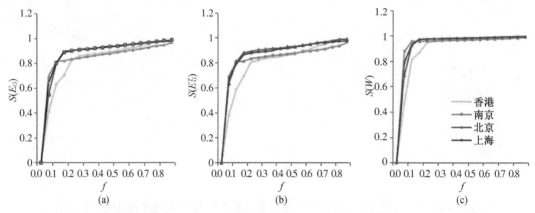

图 7.22 四个城市地铁网络在 DTA^V 攻击策略下的 $S(E_G)-f$、$S(E_G^T)-f$、$S(W)-f$ 曲线

由图 7.22(a)、(b)、(c)可见,即使故障规模的评价指标不同,但四个城市的脆弱性表现类似。从网络平均最短距离来计算的网络效率来看(见图 7.22(a)),当 $f \leqslant 0.3$ 时,在节点失效比例相同的情况下,香港地铁网络的故障规模最小,北京次之,上海第三,南京的故障规模最大。该结论与第 5 章一般化理论研究的结论一致,网络的异质性越低,对节点的蓄意攻击表现越脆弱,香港地铁网络的幂指数为 -2.310,北京为 -2.770,上海为 -3.011,而南京为 -3.852,说明南京地铁网络中含有的被大于 1 条线路经过的车站在所有车站中所占比例最小,当按照节点线路度删除一定比例的节点后,南京地铁网络中依然存在这类节点的比例就更加小,而香港地铁网络中存在的最多,使得 OD 对还存在其他可能路径连通。图 7.22(b)、图 7.22(c)的结论相同。该结论的实际意义是增加地铁网络中的换乘节点数目有利于减小网络对节点攻击的脆弱程度。

再看四个城市地铁网络对节点随机攻击的表现,图 7.23 为香港、南京、北京和上海地铁网络在 RA^V 攻击策略下的 $S(E_G)-f$、$S(E_G^T)-f$、$S(W)-f$ 曲线。在节点随机失效比例 $f \leqslant 0.1$ 时,香港、南京、北京、上海地铁网络的故障规模依次增大。虽然南京地铁网络的异质性最小,但其在节点随机攻击下没有表现得最鲁棒,香港地铁网络的异质性最高,但其在节点随机攻击下没有表现得最脆弱,由此说明,影响地铁网络对节点随机故障的脆弱性程度不只受到网络异质程度影响,还与网络拓扑结构类型、网络规模、是否还有环线等因素相关。

7.5.3 四个城市地铁网络在边随机和蓄意攻击策略下的脆弱性表现

以基于平均最小换乘次数计算的边介数蓄意攻击为例,研究四个地铁网络在边蓄意和随机攻击下的不同脆弱性表现。图 7.24 为香港、南京、北京和上海地铁网络在 B^TTA^E 蓄意

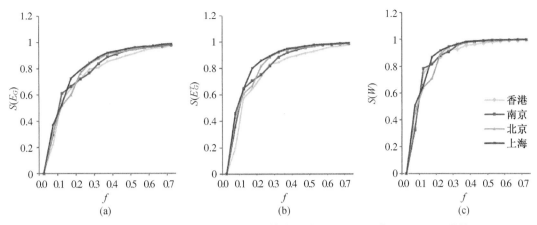

图7.23 四个城市地铁网络在RA^V攻击策略下的$S(E_G)$、$S(E_G^T)$、$S(W)$-f曲线

攻击策略下的$S(E_G)$-f、$S(E_G^T)$-f、$S(W)$-f曲线。横坐标为故障规模,纵坐标表示网络中边失效比例f。

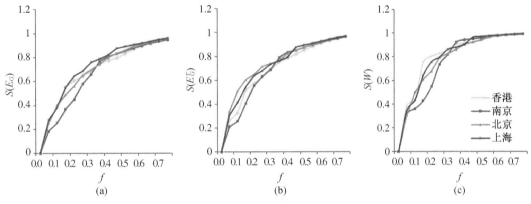

图7.24 四个城市地铁网络在B^TTA^E攻击策略下的$S(E_G)$-f、$S(E_G^T)$-f、$S(W)$-f曲线

由图7.24(a)、(b)、(c)可见,故障规模的评价指标不同,四个城市的脆弱性表现不同。随着边失效比例的增长,$S(E_G)$、$S(E_G^T)$的故障规模扩展速度趋于平缓,而$S(W)$在最初的急速扩展后趋于平缓,而后又急速扩展,最后趋于平缓。从网络平均最短距离计算的网络效率来看[见图7.24(a)],在给定f的情况下,南京地铁网络在四个地铁网络中的故障规模最小,上海地铁网络的故障规模最大。从网络平均最小换乘次数计算的网络效率来看[见图7.24(b)],在给定f的情况下,南京地铁网络在四个地铁网络中的故障规模最小,北京地铁网络的故障规模最大。从网络最大连通OD数目来看,在给定f的情况下,南京地铁网络故障规模最小,香港地铁网络的故障规模最大。

虽然南京地铁网络的异质性最小,但在边蓄意攻击的情况下,却表现得最鲁棒;香港地铁网络的异质性最高,但在以网络最大连通OD数目作为网络脆弱性评价指标时,表现得最脆弱。这样的表现与我们理论分析得到的"网络的异质性越低,对节点的蓄意攻击越脆弱;网络的异质性越高,对节点的蓄意攻击越鲁棒"的结论不同。该表现的实质还需进一步挖掘。

表 7.15 四个城市地铁网络在四种攻击策略下的故障规模计算结果

故障规模类型	攻击策略	f	0%	5%	10%	15%	20%	25%	30%	35%	40%	45%	50%	55%	60%	65%	70%
$S(E_G^T)$	DTA^V	上海	0.0000	0.6447	0.8059	0.8995	0.9075	0.9127	0.9168	0.9244	0.9335	0.9364	0.9418	0.9505	0.9572	0.9646	0.9700
		北京	0.0000	0.5505	0.8067	0.8903	0.9049	0.9135	0.9181	0.9246	0.9279	0.9370	0.9407	0.9478	0.9554	0.9645	0.9707
		南京	0.0000	0.6980	0.8185	0.8231	0.8377	0.8459	0.8562	0.8664	0.8746	0.8805	0.8908	0.9011	0.9092	0.9186	0.9289
		香港	0.0000	0.4122	0.6327	0.7054	0.8304	0.8587	0.8713	0.8785	0.8853	0.8953	0.9003	0.9195	0.9283	0.9432	0.9563
	RA^V	上海	0.0000	0.3716	0.5252	0.7266	0.7882	0.8454	0.8894	0.9228	0.9343	0.9506	0.9640	0.9695	0.9761	0.9847	0.9885
		北京	0.0000	0.3136	0.5182	0.6008	0.7615	0.8387	0.8756	0.9112	0.9257	0.9362	0.9515	0.9645	0.9696	0.9809	0.9870
		南京	0.0000	0.2963	0.6106	0.6654	0.7216	0.7671	0.8390	0.8908	0.9126	0.9378	0.9493	0.9612	0.9683	0.9746	0.9812
		香港	0.0000	0.2181	0.5563	0.6466	0.7210	0.7970	0.8078	0.8570	0.8757	0.8989	0.9173	0.9382	0.9569	0.9609	0.9735
	B^{T}TA^E	上海	0.0000	0.2785	0.3858	0.5494	0.6460	0.6878	0.7638	0.7901	0.8216	0.8771	0.8930	0.9099	0.9226	0.9363	0.9511
		北京	0.0000	0.2457	0.4047	0.4894	0.5623	0.6528	0.6979	0.7457	0.8010	0.8320	0.8602	0.8960	0.9142	0.9324	0.9491
		南京	0.0000	0.1857	0.2549	0.3691	0.4502	0.5791	0.6617	0.7694	0.8084	0.8310	0.8534	0.8805	0.9005	0.9198	0.3329
		香港	0.0000	0.2827	0.3812	0.5525	0.6075	0.6414	0.6882	0.7499	0.7735	0.7955	0.8296	0.8685	0.8978	0.9206	0.9410
	RA^E	上海	0.0000	0.2208	0.4180	0.5691	0.6928	0.7600	0.8263	0.8567	0.8849	0.9057	0.9240	0.9359	0.9462	0.9543	0.9624
		北京	0.0000	0.2498	0.4416	0.5831	0.6890	0.7722	0.8256	0.8559	0.8863	0.9051	0.9187	0.9287	0.9393	0.9495	0.9593
		南京	0.0000	0.2845	0.5373	0.6342	0.6939	0.7300	0.7860	0.8161	0.8584	0.8774	0.8930	0.9106	0.9244	0.9390	0.9501
		香港	0.0000	0.1607	0.3306	0.4100	0.5764	0.7034	0.7631	0.7899	0.8279	0.8518	0.8721	0.8969	0.9139	0.9248	0.9426

（续表）

故障规模类型	攻击策略	f	0%	5%	10%	15%	20%	25%	30%	35%	40%	45%	50%	55%	60%	65%	70%
$S(E_G^T)$	DTA^V	上海	0.0000	0.6761	0.7951	0.8695	0.8802	0.8874	0.8907	0.9017	0.9156	0.9177	0.9286	0.9411	0.9520	0.9611	0.9676
		北京	0.0000	0.6345	0.8110	0.8826	0.8925	0.9062	0.9103	0.9165	0.9186	0.9307	0.9330	0.9435	0.9506	0.9627	0.9685
		南京	0.0000	0.6907	0.8116	0.8143	0.8344	0.8416	0.8510	0.8600	0.8659	0.8703	0.8798	0.8892	0.8959	0.9035	0.9130
		香港	0.0000	0.3801	0.5868	0.6949	0.8057	0.8221	0.8396	0.8454	0.8527	0.8644	0.8688	0.9008	0.9096	0.9358	0.9504
	RA^V	上海	0.0000	0.4624	0.6416	0.8052	0.8607	0.8940	0.9278	0.9518	0.9596	0.9697	0.9791	0.9828	0.9858	0.9920	0.9930
		北京	0.0000	0.4278	0.6074	0.6693	0.8192	0.8860	0.9205	0.9443	0.9535	0.9620	0.9704	0.9804	0.9844	0.9896	0.9929
		南京	0.0000	0.3595	0.6482	0.7092	0.7549	0.8192	0.8865	0.9234	0.9413	0.9592	0.9688	0.9774	0.9823	0.9864	0.9896
		香港	0.0000	0.1930	0.5749	0.6440	0.7400	0.8356	0.8466	0.8825	0.8987	0.9166	0.9308	0.9479	0.9655	0.9685	0.9806
	B^{T}A^E	上海	0.0000	0.3099	0.4160	0.5439	0.6415	0.6788	0.7370	0.7633	0.7921	0.8793	0.8966	0.9121	0.9291	0.9445	0.9590
		北京	0.0000	0.3401	0.5106	0.6025	0.6499	0.7148	0.7389	0.7653	0.3228	0.8509	0.8740	0.9018	0.9207	0.9406	0.9611
		南京	0.0000	0.2103	0.2567	0.4058	0.5565	0.6340	0.6903	0.7903	0.3341	0.8515	0.8756	0.8998	0.9161	0.9362	0.9490
		香港	0.0000	0.2601	0.3284	0.5140	0.5752	0.6289	0.6859	0.7549	0.7844	0.8192	0.8534	0.8837	0.9139	0.9343	0.9490
	RA^E	上海	0.0000	0.3158	0.5247	0.6736	0.7763	0.8396	0.8830	0.9063	0.3217	0.9383	0.9503	0.9590	0.9646	0.9706	0.9763
		北京	0.0000	0.3842	0.5978	0.7293	0.7988	0.8558	0.8872	0.9053	0.3303	0.9438	0.9520	0.9589	0.9671	0.9731	0.9779
		南京	0.0000	0.3499	0.6028	0.7038	0.7678	0.8044	0.8406	0.8720	0.3054	0.9201	0.9287	0.9448	0.9529	0.9637	0.9714
		香港	0.0000	0.2466	0.4374	0.5089	0.6250	0.7515	0.8086	0.8255	0.3549	0.8775	0.8998	0.9218	0.9338	0.9422	0.9533

（续表）

故障规模类型 $S(W)$	改击策略	f	0%	5%	10%	15%	20%	25%	30%	35%	40%	45%	50%	55%	60%	65%	70%
	DTA^V	上海	0.0000	0.7930	0.9346	0.9765	0.9784	0.9797	0.9803	0.9822	0.9848	0.9852	0.9871	0.9894	0.9914	0.9930	0.9942
		北京	0.0000	0.6899	0.9292	0.9752	0.9784	0.9811	0.9820	0.9833	0.9836	0.9861	0.9865	0.9886	0.9901	0.9925	0.9937
		南京	0.0000	0.8800	0.9574	0.9581	0.9626	0.9642	0.9664	0.9684	0.9697	0.9707	0.9728	0.9750	0.9765	0.9782	0.9803
		香港	0.0000	0.4628	0.8140	0.8721	0.9516	0.9604	0.9643	0.9659	0.9672	0.9698	0.9708	0.9779	0.9799	0.9857	0.9890
	RA^V	上海	0.0000	0.5061	0.6583	0.8714	0.9175	0.9482	0.9663	0.9823	0.9863	0.9907	0.9941	0.9949	0.9962	0.9979	0.9985
		北京	0.0000	0.4513	0.6409	0.7107	0.8917	0.9470	0.9635	0.9793	0.9835	0.9859	0.9900	0.9931	0.9945	0.9973	0.9983
		南京	0.0000	0.3253	0.7849	0.8155	0.8821	0.9076	0.9587	0.9777	0.9837	0.9898	0.9924	0.9945	0.9956	0.9966	0.9976
		香港	0.0000	0.3389	0.7481	0.8228	0.8689	0.9253	0.9279	0.9559	0.9630	0.9721	0.9783	0.9860	0.9903	0.9909	0.9948
	B^{T}TA^E	上海	0.0000	0.3454	0.4349	0.6411	0.7555	0.7957	0.8620	0.8817	0.9076	0.9647	0.9706	0.9777	0.9815	0.9861	0.9911
		北京	0.0000	0.3044	0.4994	0.6077	0.6756	0.7920	0.8260	0.8614	0.9046	0.9252	0.9425	0.9698	0.9780	0.9854	0.9911
		南京	0.0000	0.3146	0.3622	0.4299	0.5492	0.7361	0.8191	0.9241	0.9452	0.9533	0.9610	0.9724	0.9791	0.9853	0.9882
		香港	0.0000	0.3854	0.4419	0.7535	0.8038	0.8288	0.8586	0.9050	0.9166	0.9257	0.9430	0.9609	0.9732	0.9815	0.9873
	RA^E	上海	0.0000	0.3218	0.5650	0.7243	0.8435	0.9011	0.9455	0.9591	0.9723	0.9802	0.9861	0.9895	0.9918	0.9933	0.9948
		北京	0.0000	0.3285	0.5837	0.7306	0.8376	0.9142	0.9468	0.9615	0.9757	0.9818	0.9858	0.9878	0.9901	0.9922	0.9942
		南京	0.0000	0.4364	0.7702	0.8498	0.8912	0.9048	0.9391	0.9530	0.9718	0.9766	0.9802	0.9854	0.9883	0.9913	0.9934
		香港	0.0000	0.1415	0.4354	0.5281	0.7463	0.8770	0.9202	0.9315	0.9492	0.9580	0.9661	0.9760	0.9820	0.9847	0.9895

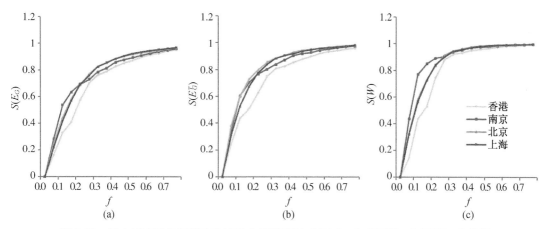

图 7.25 四个城市地铁网络在 RA^E 攻击策略下的 $S(E_G)$-f、$S(E_G^T)$-f、$S(W)$-f 曲线

图 7.25 为香港、南京、北京和上海地铁网络在 RA^E 攻击策略下的 $S(E_G)$-f、$S(E_G^T)$-f、$S(W)$-f 曲线。对于基于网络平均最短路径长度的网络效率和网络最大连通 OD 数目两个评价指标,当边随机失效比例分别为 $f \leqslant 0.5$ 和 $f \leqslant 0.6$ 时,香港、上海、北京、南京的故障规模依次增大,且北京和上海故障规模几乎相等。而从基于网络平均最小换乘次数的网络效率来看,在指定边随机失效比例的情况下,香港、上海、南京、北京的故障规模依次增大。由此说明,网络的异质程度不能决定网络在边随机攻击下的表现。同样,该现象与第 5 章通过一般化理论分析得到的关于地铁网络对节点随机攻击的表现不同,其实质仍需进一步探索。

四个城市地铁网络在针对车站线路度蓄意攻击策略、车站随机攻击策略、区间换乘介数蓄意攻击策略、区间随机攻击策略下的路径长度效率故障规模、路径换乘次数效率故障规模、最大连通 OD 数目故障规模计算结果见表 7.15。

7.6 本章小结

本章研究了我国南京、北京、上海及香港四个城市的地铁网络拓扑结构特征及结构脆弱性表现。实证研究发现,对四个地铁网络而言,节点随机故障造成的故障规模要小于节点蓄意攻击造成的故障规模;在达到一定的扰动数量之后,除香港地铁网络外,南京、北京、上海地铁网络的边随机故障造成的故障规模要大于边蓄意攻击造成的故障规模,所以在工程实际中要增加地铁网络中的换乘节点数目,有利于减小网络对节点攻击的脆弱程度。

此外,通过对四个地铁网络在相同攻击策略下的脆弱性表现进行比较,发现在节点度蓄意攻击策略下,南京地铁网络最脆弱,而香港地铁网络最鲁棒,说明网络的异质程度决定网络在节点蓄意攻击下的脆弱性表现。针对边的随机和蓄意攻击,脆弱性评价指标不同,得到的地铁网络之间的脆弱性差异不同,且针对边的随机和蓄意攻击,无法得到与针对节点蓄意攻击的相同结论,即存在其他重要因素影响地铁网络在边故障下的表现,还需要进一步探究。

8 结论与展望

8.1 本书研究成果

本书应用复杂网络理论,结合城市地铁网络自身特点,构建了基于多智能体的动态地铁网络仿真系统,研究了 UMNS 结构复杂性和脆弱性。具体来讲,研究主要成果包括以下几个方面:

(1) UMNS 拓扑结构具有无标度特性和小世界特性。考虑地铁网络的运行线路属性,将节点经过的运行线路数目作为节点度评价标准,通过对 52 个城市地铁网络的实证分析,发现地铁网络的线路度分布服从漂移幂律分布——一种介于随机和幂律分布之间的分布形式,说明地铁网络的演化既具有偏好选择特点,又具有随机游走特点;从网络平均最小换乘次数和信息传递效率角度,提出了适用于地铁网络的小世界特性评价方法,对 52 个城市地铁网络进行实证分析,结果表明地铁网络具有小世界特性。

(2) 构建了地铁网络时空演化模型。在对地铁网络结构复杂性实证分析的基础上,结合地铁网络规划原则,建立了基于节点复制模型的线路择优机制和站点在指定方向上的随机游走的地铁网络演化模型。并应用该演化模型,对四个典型拓扑结构类型的地铁网络进行演化模拟。模拟得到的网络拓扑结构特征值与真实网络接近,表明本书提出的择优和游走机制包含了地铁网络演化的关键要素,演化模型能够用来构建地铁网络。

(3) 研究了不同拓扑结构类型的六种典型地铁网络结构的连通脆弱性。构建相同规模的六种典型拓扑结构类型的地铁网络,通过对其车站和区间进行随机和蓄意攻击,从拓扑结构连通性角度评价不同拓扑结构类型的地铁网络的脆弱性表现。研究发现,在节点蓄意攻击的情况下,对于相同数量的扰动,环型+网格型地铁网络的故障规模最小,表明其脆弱性程度最低;星型地铁网络的故障规模最大,表明其在六种拓扑结构类型中最脆弱;此外,在相同的线路游走方式下,不含有环线的拓扑结构类型要比含有环线的拓扑结构类型更加脆弱。在针对边的随机故障情况下,对于相同数量的扰动,星型地铁网络的故障规模最小,说明星型地铁网络对边的随机故障的脆弱性最小。对于相同结构、相同规模的网络结构,网络的非均匀性越高,对节点蓄意攻击的脆弱性越低,对随机攻击的脆弱性越高。

(4) 研究了从乘客延误角度出发的六种不同拓扑结构类型的典型地铁网络结构脆弱性。建立基于车厢拥挤惩罚、站台延误惩罚、换乘惩罚的地铁网络出行路径费用模型;按照地铁网络的乘客对多路径有不同的效用准则,构建多用户、多准则的动态 Logit 配流模型;构建相同规模六种典型拓扑结构的地铁网络,通过对其节点进行随机和蓄意的攻击,从乘客到达率和延误程度角度评价不同拓扑结构类型的地铁网络的脆弱性表现。仿真结果显示,星型结构的地铁网络在 3 类地铁网络中的到达率最低,平均乘客延误程度最高,网络的脆弱性最高;网格型地铁网络的到达率最高,平均乘客延误程度最低,网络的脆弱性最低;放射型地铁网络处于二者之间。除此之外,含有环线的地铁网络的脆弱性程度低于不含有环线的同类拓扑结构类型的地铁网络。网络非均匀性越高,蓄意攻击造成乘客到达率相对随机攻击较高,乘客延误程度较低,网络的脆弱性相对较低。

(5) 对香港、南京、北京、上海地铁网络拓扑结构特性及脆弱性进行了实证研究。四个地铁网络的节点随机故障造成的故障规模要小于节点蓄意攻击造成的故障规模。在达到一定的扰动数量之后,除香港地铁网络外,南京、北京、上海地铁网络的边随机故障造成的故障规模要大于边蓄意攻击造成的故障规模。通过对四个地铁网络在相同攻击策略下的脆弱性表现,发现在节点度蓄意攻击策略下,南京地铁网络最脆弱,而香港地铁网络最鲁棒,说明网络的异质程度决定网络在节点蓄意攻击下的脆弱性表现。

8.2 创新点

本书的主要创新点归纳如下:

(1) 构建了城市地铁网络无标度特性和小世界特性评估模型。结合地铁网络的运行线路属性,将节点经过的运行线路作为节点度评价标准,实证分析了52个城市地铁网络的无标度特性和小世界特性。结果显示地铁网络的线路度分布服从漂移幂律分布。从网络平均最小换乘次数和信息传递角度,提出了适用于地铁网络的小世界特性评价方法,通过对52个城市地铁网络进行实证分析,得到地铁网络的平均最短距离小于同等规模随机网络的平均最短距离,且聚类系数远大于同等规模随机网络的聚类系数。获得了地铁网络具有无标度特性和小世界特性。

(2) 构建了基于节点复制模型的线路择优机制和站点在指定方向上的随机游走的地铁网络演化模型。在对52个真实地铁网络拓扑结构复杂性进行实证分析的基础上,得到相关统计规律,结合地铁网络规划原则,建立地铁网络时空演化机制,构建了基于节点复制模型的线路择优机制和站点在指定方向上的随机游走的地铁网络演化模型。通过对四个典型拓扑结构地铁网络仿真演化的研究,表明本书构建的地铁网络时空演化模型包含了地铁网络生成机制的关键要素。

(3) 评估了不同拓扑结构类型的地铁网络结构连通脆弱性。构建相同规模六种典型的地铁网络拓扑结构,采用仿真的方法,对不同拓扑结构类型的地铁网络的脆弱性表现进行了研究。研究发现,相同数量的扰动施加在车站上,网格型+环型地铁网络的故障规模最小,连通脆弱性程度最低;星型网络的故障规模最大,在六种拓扑结构类型中最脆弱;此外,在相同的线路游走方式下,不含有环线的拓扑结构类型要比含有环线的拓扑结构类型更加脆弱。相同数量的扰动施加在区间上,在随机攻击的情况下,星型地铁网络的故障最小,说明星型网络对区间随机攻击的连通脆弱性最小。

(4) 评估了地铁网络异质程度对地铁网络结构连通脆弱性的影响。分别构建相同结构、相同规模、不同异质程度的放射型地铁网络和放射型+环型地铁网络,采用仿真的方法,对不同拓扑结构类型的脆弱性表现进行了研究。研究发现,对于相同结构、相同规模的网络结构,网络的异质程度越高,对节点蓄意攻击越鲁棒,对随机攻击越脆弱。

(5) 构建了基于动态随机非平衡配流的不同拓扑结构类型的地铁网络结构脆弱性评价

方法。采用动态仿真的方法,对从乘客延误角度出发的不同拓扑结构类型的地铁网络结构脆弱性进行了研究,得到了地铁网络对车站蓄意攻击的脆弱性和对随机故障的鲁棒性;网格型地铁网络的鲁棒性最强,环型线路能够降低网络的脆弱性;网络对车站的蓄意攻击的脆弱性程度与网络的非均匀程度成反比关系。基于流量因素的结构脆弱性与拓扑结构连通脆弱性表现一致。因此,在地铁网络规划阶段,可以通过控制地铁网络拓扑结构类型来控制运营过程中地铁网络的脆弱性。

8.3 研究不足与展望

(1) 研究不足

第一,本书旨在从连通性角度和乘客延误角度探索地铁网络拓扑结构类型与结构脆弱性之间的关系,因此在仿真分析时都设定相同规模或相同结构,以避免来自这两个因素对研究结果的影响,仅从拓扑结构类型和地铁网络异质程度两个方面研究了其对结构脆弱性的影响,而没有考虑不同规模对地铁网络结构脆弱性的影响。

第二,构造的地铁网络演化模型只能够模拟具有典型拓扑结构类型的地铁网络,由于在中心区域,其游走方向单一,虽然在线路的尾端设置了随机游走,但由于其中心区域的线路没有做多种游走方式组合的设计,因此不能够对混合结构类型的地铁网络进行模拟演化。

第三,地铁网络在针对边的随机故障下表现得要比针对边的蓄意攻击脆弱的这一现象,没有从现实角度做出合理的解释;并且为何针对节点和边的随机和蓄意攻击会得到相反的结论都需要做进一步研究。

第四,文中的路径费用模型中的许多参数,为了简化研究,都以常量代替或者没有考虑。

第五,本书虽然在地铁网络复杂性、地铁网络时空演化机制及生成不同典型拓扑结构类型的地铁网络类型方面做了充分的研究,但是从乘客延误角度出发的不同拓扑结构地铁网络的结构脆弱性却只研究了结构类型对脆弱性的影响,没有研究不同结构类型上故障导致的延误传播及消散规律和控制策略。

(2) 研究展望

基于以上研究不足,以下问题有必要进行进一步的探讨:

第一,研究地铁网络规模对地铁网络结构脆弱性的影响;

第二,设计地铁网络线路组合游走演化机制;

第三,进一步分析地铁网络针对边的随机和蓄意攻击下的脆弱性形成机理;

第四,结合交通流及复杂网络理论,对延误在区间和站点中的传播过程进行分析,找到其传播的规律和特征,为合理进行延误传播预测和疏导等问题提供科学依据,以最大可能地降低延误给乘客带来的影响;

第五,基于脆弱性的研究,把交通诱导理论和复杂网络拓扑特性结合,特别是把动态随机非平衡分配与复杂网络结合,研究网络上的动力学过程具有更为重要的理论和实际应用价值。

参考文献

[1] Derrible S, Kennedy C. Network analysis of world subway systems using updated graph theory[J]. Transportation Research Record: Journal of the Transportation Research Board, 2009, 2112(1): 17-25.

[2] Fink C N. Antiterrorism Security and surface transportation systems: review of case studies and current tactics[J]. Transportation Research Record: Journal of the Transportation Research Board, 2003, 1822(1): 9-17.

[3] 吴建军.城市交通网络拓扑结构复杂性研究[D].北京:北京交通大学,2008.

[4] 方爱丽,赵继军,译.复杂网络:结构和动力学[J].复杂系统与复杂性科学,2006(3):56-94.

[5] 王云琴.基于复杂网络理论的城市轨道交通网络连通可靠性研究[D].北京:北京交通大学,2008.

[6] 王志强,徐瑞华.基于复杂网络的轨道交通道路网可靠性仿真分析[J].系统仿真学报,2009,21(20):6670-6674.

[7] Derrible S, Kennedy C. Characterizing metro networks: state, form, and structure[J]. Transportation, 2010, 37(2): 275-297.

[8] Derrible S, Kennedy C. The complexity and robustness of metro networks[J]. Physica A: Statistical Mechanics and Its Applications, 2010, 389(17): 3678-3691.

[9] 王志如,梁作伦,袁竞峰,等.地铁网络无标度特性研究[J].东南大学学报(自然科学版),2013,43(4):895-899.

[10] Ding Y, Ding Z. The small-world hierarchical modularity of urban subway networks[C]//International Conference on Computer Application and System Modeling (ICCASM 2010) Do-10.1109/IOCASn.2010.5623172.

[11] Han C, Liu L. Topological vulnerability of subway networks in China[C]//2009,10.1109/ICMSS,2009,5302491.

[12] Seaton K A, Hackett L M. Stations, trains and small-world networks[J]. Physica A: Statistical Mechanics and Its Applications, 2004, 339(3): 635-644.

[13] 马嘉琪,白雁,韩宝明.城市轨道交通线网基本单元与复杂网络性能分析[J].交通运输工程学报,2010,10(4):65-70.

[14] 汪涛,方志耕,吴卉,等.城市地铁网络的复杂性分析[J].军事交通学院学报,2008(2):24-28.

[15] 王燚,杨超.上海市轨道交通网络的复杂网络特征研究[J].城市轨道交通研究,2009(2):33-36.

[16] Guimera R, Mossa S, Turtschi A, et al. The worldwide air transportation network: anomalous centrality, community structure, and cities' global roles[J]. Proceedings of the National Academy of Sciences, 2005, 102(22): 7794-7799.

[17] Chi L P, Wang R, Su H, et al. Structural properties of US flight network[J]. Chinese Physics Letters, 2003, 20(8): 13-19.

[18] Li W, Cai X. Statistical analysis of airport network of China[J]. Physical Review E, 2004, 69(4): 46106.

[19] 胡一竑. 基于复杂网络的交通网络复杂性研究[D]. 上海: 复旦大学, 2008.

[20] 俞桂杰, 彭语冰, 褚衍昌. 复杂网络理论及其在航空网络中的应用[J]. 复杂系统与复杂性科学, 2006(1): 79-84.

[21] Guida M, Maria F. Topology of the Italian airport network: a scale-free small-world network with a fractal structure? [J]. Chaos, Solitons & Fractals, 2007, 31(3): 527-536.

[22] Bagler G. Analysis of the airport network of India as a complex weighted network[J]. Physica A: Statistical Mechanics and its Applications, 2008, 387(12): 2972-2980.

[23] Guimera R, Amaral L A N. Modeling the world-wide airport network[J]. The European Physical Journal B-Condensed Matter and Complex Systems. 2004, 38(2): 381-385.

[24] 曾小舟. 基于复杂网络理论的中国航空网络结构实证研究与分析[D]. 南京: 南京航空航天大学, 2012.

[25] Wang R, Cai X. Hierarchical structure, disassortativity and information measures of the US flight network[J]. Chinese Physics Letters, 2005, 22(10): 2715.

[26] Barrat A, Barthélemy M, Pastor-Satorras R, et al. The architecture of complex weighted networks[J]. Proceedings of the National Academy of Sciences of the United States of America, 2004, 101(11): 3747-3752.

[27] 张勇, 杨晓光. 城市路网的复杂网络特性及可靠性仿真分析[J]. 系统仿真学报, 2008(2): 464-467.

[28] De Montis A, Barthélemy M, Chessa A, et al. The structure of inter-urban traffic: a weighted network analysis[J]. Environment & Planning B: Planning & Design, 2007, 34(5): 905-924.

[29] Porta S, Crucitti P, Latora V. The network analysis of urban streets: a dual approach[J]. Physica A: Statistical Mechanics and Its Applications. 2006, 369(2): 853-866.

[30] Lämmer S, Gehlsen B, Helbing D. Scaling laws in the spatial structure of urban road networks[J]. Physica A: Statistical Mechanics and Its Applications, 2006, 363(1): 89-95.

[31] Crucitti P, Latora V, Porta S. Centrality measures in spatial networks of urban streets[J]. Physical Review E, 2006, 73(3):36125.

[32] Crucitti P, Latora V, Porta S. Centrality in networks of urban streets[J]. Chaos: An Interdisciplinary Journal of Nonlinear Science, 2006, 16(1):15113.

[33] 高中华,李满春,陈振杰,等.城市道路网络的小世界特征研究[J].地理与地理信息科学,2007(4):97-101.

[34] Fu B, Gao Z, Liu F, et al. Express passenger transport system as a scale-free network[J]. Modern Physics Letters B, 2006, 20(27):1755-1761.

[35] Lu H P, Shi Y. Complexity of public transport networks[J]. Tsinghua Science & Technology, 2007, 12(2):204-213.

[36] Li P, Xiong X, Qiao Z L, et al. Topological properties of urban public traffic networks in Chinese top-ten biggest cities[J]. Chinese Physics Letters, 2006, 23(12):3384.

[37] Chen Y Z, Li N, He D R. A study on some urban bus transport networks[J]. Physica A: Statistical Mechanics and Its Applications, 2007, 376(1):747-754.

[38] 李英,周伟,郭世进.上海公共交通网络复杂性分析[J].系统工程,2007(1):38-41.

[39] Wu J, Gao Z, Sun H, et al. Urban transit system as a scale-free network[J]. Modern Physics Letters B, 2004, 18(19-20):1043-1049.

[40] 惠伟,王红.复杂网络在城市公交网络中的实证分析[J].计算机技术与发展,2008(11):217-219.

[41] 顾前,杨旭华,王万良,等.基于复杂网络的城市公共交通网络研究[J].计算机工程,2008(20):266-268.

[42] 何胜学,范炳全.从公交线网的生成机理看复杂网络的多样性[J].系统工程学报,2007(6):599-606.

[43] Sienkiewicz J, Holyst J A. Statistical analysis of 22 public transport networks in Poland[J]. Physical Review E, 2005, 72(4):46127.

[44] Sienkiewicz J, Holyst J A. Public transport systems in Poland: from Bialystok to Zielona Gora by bus and tram using universal statistics of complex networks[J]. Acta Physica Polonica, 2005, 36(5):310-317.

[45] Latora V, Marchiori M. Is the Boston subway a small-world network?[J]. Physica A: Statistical Mechanics and Its Applications, 2002, 314(1):109-113.

[46] Latora V, Marchiori M. Efficient behavior of small-world networks[J]. Physical review letters, 2001, 87(19):198701.

[47] Angeloudis P, Fisk D. Large subway systems as complex networks[J]. Physica A: Statistical Mechanics and Its Applications, 2006, 367:553-558.

[48] Sen P, Dasgupta S, Chatterjee A, et al. Small-world properties of the Indian railway network[J]. Physical Review E, 2003, 67(3):36106.

[49] Li W, Cai X. Empirical analysis of a scale-free railway network in China[J]. Physica A: Statistical Mechanics and Its Applications, 2007, 382(2):693-703.

[50] 汪涛.城市公交网络的拓扑结构和演化模型研究[D].南京:南京航空航天大学, 2009.

[51] Barrat A, Barthélemy M, Vespignani A. Modeling the evolution of weighted networks[J]. Physical Review E, 2004, 70(6):66149.

[52] Albert R, Barabási A L. Statistical mechanics of complex networks[J]. Reviews of Modern Physics, 2002, 74(1):47-57.

[53] Chen Y Z, Li N. Statistical properties of urban ground bus-transport networks from self-avoiding random walks[J]. Modern Physics Letters B, 2007, 16(21):1027-1040.

[54] 高洪文.生态交错带(Ecotone)理论研究进展[J].生态学杂志,1994(1):32-38.

[55] 姚建.岷江上游生态脆弱性分析及评价[D].成都:四川大学,2004.

[56] 张炜熙.区域发展脆弱性研究与评估[D].天津:天津大学,2006.

[57] 郭迟.基于复杂网络的Internet脆弱性研究[D].武汉:武汉大学,2010.

[58] 符国晖,林子钊,王铁辉.识别输电网络脆弱环节的新方法[J].电力建设,2003(2):27-29.

[59] 王先培,朱天清,熊平.基于MAS的电力系统脆弱性评估与控制[J].电力系统及其自动化学报,2003(3):20-22.

[60] 王安斯.基于事故链的电网脆弱性评估与稳定控制[D].武汉:华中科技大学,2010.

[61] Albert R, Albert I, Nakarado G L. Structural vulnerability of the North American power grid[J]. Physical Review E, 2004, 69(2):25103.

[62] Cao Y, Chen X, Sun K. Identification of vulnerable lines in power grid based on complex network theory[J]. Electric Power Automation Equipment, 2006, 12(3):21-33.

[63] Chen X, Sun K, Cao Y, et al. Identification of vulnerable lines in power grid based on complex network theory[C]// IEEE Power Engineering Society General Meeting. IEEE, 2007.

[64] Issacharoff L, Lämmer S, Rosato V, et al. Critical infrastructures vulnerability: the highway networks[M]. Springer, 2008:201-216.

[65] Wang D, Qi H, Xu C. Reviewing traffic reliability research[J]. Journal of Transportation Systems Engineering and Information Technology. 2010, 10(5):12-21.

[66] Bell M G H, Iida Y. Assessing transport reliability: malevolence and user knowledge[J]. 2003, 10.1108/9781786359544:1-22.

[67] Bell M G. Measuring network reliability: a game theoretic approach[J]. Journal of Advanced Transportation, 1999, 33(2):135-146.

[68] D'Este G M, Taylor M. Network Vulnerability: an approach to reliability analysis at the level of national strategic transport networks: proceedings of the 1 st international symposium on transportation network reliability (INSTR)[M] // The Network Reliability of Transport, 2003.

[69] Berdica K. Vulnerability—a model-based case study of the road network in the city of Stockholm[C].// Critical Infrastructure: Reliability and Vulnerability, 2001: 81-106.

[70] Rowshan S, Smith M C, Krill S J, et al. Highway vulnerability assessment: a guide for state departments of transportation[J]. Transportation Research Record: Journal of the Transportation Research Board, 2003, 1827(1):55-62.

[71] Jenelius E, Petersen T, Mattsson L G. Importance and exposure in road network vulnerability analysis[J]. Transportation Research Part A: Policy and Practice, 2006, 40(7):537-560.

[72] Jenclius E, Mattsson L. Road network vulnerability analysis of area-covering disruptions: a grid-based approach with case study[J]. Transportation Research Part A: Policy and Practice, 2012, 46(5):746-760.

[73] Tu Y F, Yang C, Chen X H. Methodology for evaluating and improving road network topology vulnerability[C]// 2010 International Conference on Intelligent Computation Technology and Automation. IEEE, 2010:664-669.

[74] 涂颖菲,杨超,陈小鸿.路网拓扑脆弱性及关键路段分析[J].同济大学学报(自然科学版),2010(3):364-367.

[75] Kurauchi F, Uno N, Sumalee A, et al. Network evaluation based on connectivity vulnerability[M]. Springer, 2009:637-649.

[76] 李进,马军海.城市地铁网络复杂性研究[J].西安电子科技大学学报(社会科学版),2009(2):51-55.

[77] Mishkovski I, Biey M, Kocarev L. Vulnerability of complex networks[J]. Communications in Nonlinear Science and Numerical Simulation, 2011, 16(1):341-349.

[78] Angeloudis P, Fisk D. Large subway systems as complex networks[J]. Physica A: Statistical Mechanics and Its Applications, 2006, 367:553-558.

[79] Derrible S, Kennedy C. The complexity and robustness of metro networks[J]. Physica A: Statistical Mechanics and Its Applications, 2010, 389(17):3678-3691.

[80] 叶青.基于复杂网络理论的轨道交通网络脆弱性分析[J].中国安全科学学报,2012(2):122-126.

[81] 张建华.地铁复杂网络的连通脆弱性研究[D].武汉:华中科技大学,2012.

[82] Shimamoto H, Kurauchi F, Schm O, et al. Evaluating critical lines and stations considering the impact of the consequence using transit assignment model-case study of London's underground network[J]. Journal of Advanced Transportation, 2008, 42(3):291-310.

[83] D'Este G M, Taylor M A. Network vulnerability: an approach to reliability analysis at the level of national strategic transport networks[C]//Proceedings of the 1 st International Symposium on Transportation Network Reliability (INSTR),2003.

[84] Burgholzer W, Bauer G, Posset M, et al. Analysing the impact of disruptions in intermodal transport networks: a micro simulation-based model[J]. Decision Support Systems, 2013, 54(4):1580-1586.

[85] Sullivan J L, Aultman-Hall L, Novak D C. A review of current practice in network disruption analysis and an assessment of the ability to account for isolating links in transportation networks[J]. Transportation Letters: The International Journal of Transportation Research, 2009, 1(4):271-280.

[86] Nyberg R, Johansson M. Indicators of road network vulnerability to storm-felled trees[J]. Natural Hazards, 2013,69(1):185-199.

[87] Johansson J, Hassel H. An approach for modelling interdependent infrastructures in the context of vulnerability analysis[J]. Reliability Engineering and System Safety, 2010, 95(12):1335-1344.

[88] Berdica K, Mattsson L. Vulnerability: a model-based case study of the road network in Stockholm[J]. Critical Infrastructure, 2007(5):81-106.

[89] Hernández L G, Gómez O G. Identification of critical segments by vulnerability for freight transport on the paved road network of Mexico[J]. Investigaciones Geograficas, 2011, 74:48-57.

[90] Tang X, Cheng L, Xu S. Identification of critical links under earthquake hazards for highway networks[J]. Journal of Southeast University (English Edition), 2009, 25(4):531-535.

[91] Nagurney A, Qiang Q. Robustness of transportation networks subject to degradable links[J]. EPL(Europhysics Letters), 2007, 80(6):68001.

[92] Luathep P, Sumalee A, Ho H W, et al. Large-scale road network vulnerability analysis: a sensitivity analysis based approach[J]. Transportation, 2011, 38(5):799-817.

[93] Sullivan J L, Novak D C, Aultman-Hall L, et al. Identifying critical road segments and measuring system-wide robustness in transportation networks with isolating links: a link-based capacity-reduction approach[J]. Transportation Research Part A: Policy and Practice, 2010,44(5):323-336.

[94] Chen A, Yang C, Kongsomsaksakul S, et al. Network-based acessibility measures for vulnerability analysis of degradable transportation networks[J]. Networks and Spatial Economics, 2007,7(3):241-256.

[95] Jenelius E, Petersen T, Mattsson L G. Importance and exposure in road network vulnerability analysis[J]. Transportation Research Part A: Policy and Practice, 2006,40(7):537-560.

[96] Yin H Y, Xu L Q. Measuring the structural vulnerability of road network: a network efficiency perspective [J]. Journal of Shanghai Jiaotong University (Science), 2010,15(6):736-742.

[97] Jenelius E, Mattsson L G. Road network vulnerability analysis of area-covering disruptions: a grid-based approach with case study[J]. Transportation Research Part A: Policy and Practice, 2012,46(5):746-760.

[98] Qian Y S, Wang M, Kang H X, et al. Study on the road network connectivity reliability of valley city based on complex network[J]. Mathematical Problems in Engineering, 2012,2012(9):924-941.

[99] Knoop V L, Snelder M, van Zuylen H J, et al. Link-level vulnerability indicators for real-world networks[J]. Transportation Research Part A: Policy and Practice, 2012, 46(5):843-854.

[100] Jenelius E, Petersen T, Mattsson L. Road network vulnerability: Identifying important links and exposed regions[J]. Transportation Research A, 2006,40:537-560.

[101] Zhang J, Xu X, Hong L, et al. Networked analysis of the Shanghai subway network, in China[J]. Physica A: Statistical Mechanics and Its Applications, 2011, 390(23-24):4562-4570.

[102] Berdica K. An introduction to road vulnerability: what has been done, is done and should be done[J]. Transport Policy, 2002,9(2):117-127.

[103] Abrahamsson T. Characterization of vulnerability in the road transport system[R]. Working Report, 1997.

[104] Barab A Si A L, Albert R. Emergence of scaling in random networks[J]. Science, 1999,286(5439):509-512.

[105] Taylor M A, D'Este G M. Transport network vulnerability: a method for diagnosis of critical locations in transport infrastructure systems[J]. Critical Infrastructure, 2007(6):9-30.

[106] Lu Q C, Peng Z R. Vulnerability analysis of transportation network under scenarios of sea level rise[J]. Transportation Research Record, 2011(2263):174-181.

[107] Nagurney A, Qiang Q, Nagurney L S. Environmental impact assessment of transportation networks with degradable links in an era of climate change[J]. International Journal of Sustainable Transportation, 2010,4(3):154-171.

[108] Peterson S K, Church R L. A framework for modeling rail transport vulnerability [J]. Growth and Change, 2008,39(4):617-641.

[109] Shiomi Y, Seto Y, Uno N. Model for location of medical facility and evaluation of vulnerability and accessibility of road network[J]. Transportation Research Record, 2011(2234):41-48.

[110] Taylor M A P. Remoteness and accessibility in the vulnerability analysis of regional road networks[J]. Transportation Research Part A: Policy and Practice, 2012, 46(5):761-771.

[111] Watling D, Balijepalli N C. A method to assess demand growth vulnerability of travel times on road network links[J]. Transportation Research Part A: Policy and Practice, 2012,46(5):772-789.

[112] Scott D M, Novak D C, Aultman-Hall L, et al. Network robustness index: a new method for identifying critical links and evaluating the performance of transportation networks[J]. Journal of Transport Geography, 2006, 14(3):215-227.

[113] Chen B Y, Lam W H K, Sumalee A, et al. Vulnerability analysis for large-scale and congested road networks with demand uncertainty[J]. Transportation Research Part A: Policy and Practice, 2012,46(3):501-516.

[114] Karlaftis M G, Peeta S. Infrastructure planning, design, and management for big events[J]. Journal of Infrastructure Systems, 2009,15(1):1-2.

[115] Knoop V, Van Zuylen H, Hoogendoorn S. The influence of spillback modelling when assessing consequences of blockings in a road network[J]. European Journal of Transport and Infrastructure Research, 2008,8(4):287-300.

[116] Issacharoff L, Lämmer S, Rosato V, et al. Critical infrastructures vulnerability: the highway networks[J]. Understanding Complex System, 2008,2008:201-216.

[117] Erath A, Birdsall J, Axhausen K W, et al. Vulnerability assessment methodology for swiss road network[J]. Transportation Research Record, 2009(2137):118-126.

[118] Jenelius E. Network structure and travel patterns: explaining the geographical disparities of road network vulnerability[J]. Journal of Transport Geography, 2009,17(3):234-244.

[119] Qiang Q, Nagurney A. A unified network performance measure with importance identification and the ranking of network components[J]. Optimization Letters, 2008,2(1):127-142.

[120] Shimamoto H, Kurauchi F, Schmöcker J D, et al. Evaluating critical lines and stations considering the impact of the consequence using transit assignment model-case study of London's underground network[J]. Journal of Advanced Transportation, 2008,42(3):291-310.

[121] Zhang L, Levinson D. Investing for reliability and security in transportation networks[J]. Transportation Research Record, 2008(2041):1-10.

[122] Masiero L, Maggi R. Estimation of indirect cost and evaluation of protective measures for infrastructure vulnerability: a case study on the transalpine transport corridor[J]. Transport Policy, 2012,20:13-21.

[123] Abdel-Rahim A, Oman P, Johnson B, et al. Survivability analysis of large-scale intelligent transportation system networks[J]. Transportation Research Record, 2007(2022):9-20.

[124] Bell M G H, Kanturska U, Schmöcker J D, et al. Attacker-defender models and road network vulnerability[J]. Philosophical Transactions of the Royal Society A: Mathematical, Physical and Engineering Sciences, 2008,366(1872):1893-1906.

[125] Lou Y, Zhang L. Defending transportation networks against random and targeted attacks[J]. Transportation Research Record, 2011(2234):31-40.

[126] Lownes N E, Wang Q, Ibrahim S, et al. Many-to-many game-theoretic approach for the measurement of transportation network vulnerability[J]. Transportation Research Record, 2011(2263):1-8.

[127] Murray-Tuite P M, Fei X. A Methodology for assessing transportation network terrorism risk with attacker and defender interactions[J]. Computer-Aided Civil and Infrastructure Engineering, 2010,25(6):396-410.

[128] Murray-Tuite P M, Mahmassani H S. Methodology for determining vulnerable links in a transportation network[J]. Transportation Research Record, 2004(1882):88-96.

[129] Ukkusuri S V, Yushimito W F. A methodology to assess the criticality of highway transportation networks[J]. Journal of Transportation Security, 2009,2(1-2):29-46.

[130] Perea F, Puerto J. Revisiting a game theoretic framework for the robust railway network design against intentional attacks[J]. European Journal of Operational Research, 2013,226(2):286-292.

[131] Angeloudis P, Fisk D. Large subway systems as complex networks[J]. Physica A: Statistical Mechanics and Its Applications, 2006,367:553-558.

[132] Berche B, Von Ferber C, Holovatch T, et al. Resilience of public transport networks against attacks[J]. European Physical Journal B. 2009,71(1):125-137.

[133] Scardoni G, Laudanna C. Identifying Critical road network areas with node centralities interference and robustness[J]. Studies in Computational Intelligence, 2013,424:245-255.

[134] Schintler L A, Kulkarni R, Gorman S, et al. Using raster-based GIS and graph theory to analyze complex networks[J]. Networks and Spatial Economics, 2007,7(4):301-313.

[135] Takadama K, Majima T, Watanabe D, et al. Exploring quantitative evaluation criteria for service and potentials of new service in transportation: analyzing transport networks of railway, subway, and waterbus[J]. Lecture Notes in Computer Science (including subseries Lecture Notes in Artificial Intelligence and

Lecture Notes in Bioinformatics),2007,4881:1122-1130.

[136] Zio E, Sansavini G, Maja R, et al. An analytical approach to the safety of road networks[J]. International Journal of Reliability, Quality and Safety Engineering, 2008,15(1):67-76.

[137] Ghosh S, Banerjee A, Sharma N, et al. Statistical analysis of the Indian Railway Network: a complex network approach[J]. Acta Physica Polonica B, Proceedings Supplement, 2011,4(2):123-137.

[138] Kurant M, Thiran P, Hagmann P. Error and attack tolerance of layered complex networks[J]. Physical Review E-Statistical, Nonlinear, and Soft Matter Physics, 2007,76(2).

[139] Wu J J, Sun H J, Gao Z Y. Cascading failures on weighted urban traffic equilibrium networks[J]. Physica A: Statistical Mechanics and its Applications, 2007,386(1): 407-413.

[140] Naohiko H, Osamu N, Shigeru M, et al. Recovery measure of disruption in Train operation in Tokyo metropolitan area [J]. Transportation Research Procedia, 2017 (25),4370-4380.

[141] Fu B B, Gao Z Y, Lin Y, et al. The analysis of traffic congestion and dynamic propagation properties based on complex network[J]. Acta Physica Sinica. 2011,60 (5):25-34.

[142] Vuchic V R. Urban Transit Operations, Planning and economics[M]. New Jersey: John Wiley and Sons,2005.

[143] 罗小强.城市轨道交通线网布局规划理论与方法研究[D].西安:长安大学,2010.

[144] Schuchmann G. Road network vulnerability-evaluation of measures in ranking damages and developments[J]. Periodica Polytechnica: Civil Engineering, 2010,54 (1):61-65.

[145] Berdica K. An introduction to road vulnerability: what has been done, is done and should be done[J]. Transport Policy, 2002,9(2):117-127.

[146] Nicholson A, Du Z P. Degradable transportation systems: an integrated equilibrium model[J]. Transportation Research Part B: Methodological, 1997,31(3):209-223.

[147] Dalziell E, Nicholson A. Risk and impact of natural hazards on a road network[J]. Journal of Transportation Engineering, 2001,127(2):159-166.

[148] Tampère C M J, Stada J, Immers B, et al. Methodology for identifying vulnerable sections in a national road network[J]. Transportation Research Record, 2007 (2012):1-10.

[149] Hood J N, Olivas T, Slocter C B, et al. Vulnerability assessment through integrated transportation analysis [J]. Transportation Research Record, 2003 (1822):18-23.

[150] Haimes Y Y. On the definition of vulnerabilities in measuring risks to infrastructures[J]. Risk Analysis,2006,26(2):293-296.

[151] 李鹤,张平宇,程叶青.脆弱性的概念及其评价方法[J].地理科学进展,2008(2):18-25.

[152] Nicholson A,Schm O'Cker J D,et al. Assessing transport reliability:malevolence and user knowledge[J]. 2003,10.1108/9781786359544:1-22.

[153] Hood J N,Olivas T,Slocter C B,et al. Vulnerability assessment through integrated transportation analysis[J]. Transportation Research Record:Journal of the Transportation Research Board,2003,1822(1):18-23.

[154] 张炜熙.区域发展脆弱性研究与评估[D].天津:天津大学,2006.

[155] He L,Zhang P,Cheng Y. Concepts and assessment methods of vulnerability[J]. Progress in Geography,2008(2):18-25.

[156] Chen L,Miller-Hooks E. Resilience:an indicator of recovery capability in intermodal freight transport[J]. Transportation Science,2012,46(1):109-123.

[157] Miller-Hooks E,Zhang X,Faturechi R. Measuring and maximizing resilience of freight transportation networks[J]. Computers and Operations Research,2012,39(7):1633-1643.

[158] Snelder M,van Zuylen H J,Immers L H. A framework for robustness analysis of road networks for short term variations in supply[J]. Transportation Research Part A:Policy and Practice,2012,46(5):828-842.

[159] Cho D J. Three papers on measuring the reliability and flexibility of transportation system capacity[D]. Philadelphia:University of Pennsylvania,2002.

[160] 王文旭.复杂网络的演化动力学及网络上的动力学过程研究[D].合肥:中国科学技术大学,2007.

[161] 汪秉宏,车宏安.复杂网络与复杂系统[C]//第三届全国复杂动态网络学术论坛论文集,2006:201-210.

[162] Erdös P,Rényi A. On the evolution of random graphs[J]. Publ. Math. Inst. Hungar. Acad. Sci.,1960,5:17-61.

[163] 方锦清.网络科学的理论模型探索及其进展[J].科技导报,2006,24(12):67-72.

[164] Newman M E J. The structure and function of complex networks[J]. SIAM Review,2003(25):167-256.

[165] Wang W,Wang B,Hu B,et al. General dynamics of topology and traffic on weighted technological networks[J]. Physical Review Letters,2005,94(18):188702.

[166] De Nooy W,Mrvar A,Batagelj V. Exploratory social network analysis with Pajek[M]. Cambridge:Cambridge University Press,2005.

[167] Milgram S. The small world problem[J]. Psychology Today,1967,2(1):60-67.

[168] 何大韧,刘宗华,汪秉宏.复杂系统与复杂网络[M].北京:高等教育出版社,2009.

[169] Boccaletti S, Latora V, Moreno Y, et al. Complex networks: structure and dynamics[J]. Physics Reports, 2006,424(4):175-308.

[170] 刘涛,陈忠,陈晓荣.复杂网络理论及其应用研究概述[J].系统工程.2005(6):1-7.

[171] 唐晋韬,王挺.复杂社会网络的介数性质近似计算方法研究[J].计算机工程与科学.2008(12):9-14.

[172] Albert R, Jeong H, Barabási A. Error and attack tolerance of complex networks[J]. Nature. 2000,406(6794):378-382.

[173] 吴江.社会网络的动态分析与仿真实验理论与应用[M].武汉:武汉大学出版社,2012:395.

[174] Albert R, Barabási A. Topology of evolving networks: local events and universality [J]. Physical Review Letters, 2000,85(24):5234.

[175] Bianconi G, Barabási A. Bose-Einstein condensation in complex networks[J]. Physical Review Letters, 2001,86(24):5632.

[176] Kumar R, Raghavan P, Rajagopalan S, et al. Stochastic models for the web graph [C]// Foundations of Computer Science, 2000. Proceedings. 41st Annual Symposium on Foundations of Computer Science. IEEE, 2000.

[177] 高自友,吴建军.出行者博弈、网络结构与城市交通系统复杂性[J].复杂系统与复杂性科学.2010(4):55-64.

[178] 胡婷,于雷,赵娜乐.动态交通分配理论研究综述[J].交通标准化.2010(9):6-10.

[179] 刘剑锋,李金海,孙福亮.基于LOGIT模型的地铁乘客路径选择算法研究[C]//第十一届中国青年信息与管理学者大会论文集,2009.

[180] 汪小帆,李翔,陈关荣.复杂网络理论及其应用[M].北京:清华大学出版社,2006:260.

[181] 张君超.基于复杂网络的城市公交网络特性分析与演化研究[D].成都:西南交通大学,2010.

[182] 何晓群,刘文卿.应用回归分析[M].2版.北京:中国人民大学出版社,2007:294.

[183] 周明.基于复杂网络的城市公交演化机制研究[D].济南:山东师范大学,2009.

[184] Goldstein M L, Morris S A, Yen G G. Problem with fitting to the power-law distribution[J]. European Physical Journal B, 2004,2(41):255-258.

[185] Chang H, Su B B, Zhou Y P, et al. Assortativity and act degree distribution of some collaboration networks[J]. Physica A: Statistical Mechanics and Its Applications, 2007,383(2):687-702.

[186] Majima T, Katuhara M, Takadama K. Analysis on transport networks of railway, subway and waterbus in Japan[J]. Emergent Intelligence of Networked Agents, 2007:99-113.

[187] Watts D J. Small worlds: the dynamics of networks between order and randomness [J]. Biometrics, 2000,56(1):323-328.

[188] 车宏安,顾基发.无标度网络及其系统科学意义[J].系统工程理论与实践,2004(4):11-16.

[189] 尹洪英.道路交通运输网络脆弱性评估模型研究[D].上海:上海交通大学,2011.

[190] 王伟.铁路网抗毁性分析与研究[D].北京:北京交通大学,2011.

[191] 李树栋.复杂网络级联动力学行为机制研究[D].北京:北京邮电大学,2012.

[192] Li L, Alderson D, Tanaka R, et al. Towards a theory of scale-free graphs: definition, properties and Implications[J]. Internet Mathematics, 2005, 2(4): 431-523.

[193] De Nooy W, Mrvar A, Batagelj V. Exploratory social network analysis with Pajek[M]. Cambridge: Cambridge University Press, 2011.

[194] Louie J, Shalaby A, Habib K N. Modelling the impact of causal and non-causal factors on disruption duration for Toronto's subway system: an exploratory investigation using hazard modelling[J]. Accident Analysis and Prevention, 2017, 98: 232-240.

[195] 张明君.分形理论在复杂网络研究中的应用[D].青岛:青岛大学,2008.

[196] 刘剑锋.基于换乘的城市轨道交通网络流量分配建模及其实证研究[D].北京:北京交通大学,2012.

[197] 秦志鹏.成网条件下城市轨道交通乘客出行路径选择问题研究[D].北京:北京交通大学,2011.

[198] 徐蔷薇.城市轨道交通枢纽乘客个体出行行为分析及建模[D].北京:北京交通大学,2008.

[199] 刘剑锋,孙福亮,柏赟,等.城市轨道交通乘客路径选择模型及算法[J].交通运输系统工程与信息,2009(2):81-86.

[200] 蔡晓春.城市轨道交通网络客流分配模型与计算方法研究[D].北京:北京交通大学,2011.

[201] 沈海燕,贺晓玲.基于乘客选择行为的城市轨道交通网络客流分配模型研究[C]//第六届中国智能交通年会暨第七届国际节能与新能源汽车创新发展论坛优秀论文集,2010:292-296.

[202] 林湛,蒋明青,刘剑锋,等.城市轨道交通客流分配的改进 Logit 模型及方法[J].交通运输系统工程与信息,2012(6):145-151.

[203] 乔珂,赵鹏,秦志鹏.基于乘客类别的轨道交通网络乘客路径选择[J].北京交通大学学报,2012(6):102-106.

[204] 黄一华.城市轨道交通客流分配模型与算法的研究[D].北京:北京交通大学,2010.

[205] 翟华伟.轨道交通客流动态分布形式建模及应用研究[D].大连:大连海事大学,2012.

[206] 四兵锋,毛保华,刘智丽.无缝换乘条件下城市轨道交通网络客流分配模型及算法[J].铁道学报,2007(6):12-18.

[207] 吴祥云,刘灿齐.轨道交通客流量均衡分配模型与算法[J].同济大学学报(自然科学版),2004(9):1158-1162.

[208] 赵烈秋,孔繁钰.基于GA的城市轨道交通客流分配问题[J].后勤工程学院学报,2008(2):106-110.

[209] 刘坤.基于蚁群算法的轨道交通路径选择模型及应用研究[D].北京:北京交通大学,2011.

[210] 徐瑞华,罗钦,高鹏.基于多路径的城市轨道交通网络客流分布模型及算法研究[J].铁道学报,2009(2):110-114.

[211] 徐兵.多用户多准则随机交通均衡理论与应用研究[D].上海:复旦大学,2006.

[212] 刘瑜.北京市轨道交通网络仿真研究[D].北京:北京工业大学,2008.

[213] 陈学武,李旭宏,王炜.道路交通规划[D].南京:东南大学,2008.